大学SD講座5『大学教育の国際化』

お詫びと訂正

本書に以下の誤りが見つかりました。ここに訂正して、お詫び申し上げます。

箇所	誤	正
p.89 下から5行目	問題在籍者が<u>1人でも発生する</u>と慎重審査対象校となってしまうことから注意が必要です。	問題在籍者が<u>1人を超えて発生</u>すると慎重審査対象校となってしまうことから注意が必要です。
p.90 上から2行目	退学者などが<u>1人でも発生</u>すると改善指導指導対象校となってしまいます。	退学者などが<u>1人を超えて発生</u>すると改善指導対象校となってしまいます。

玉川大学出版部

Staff Development

大学SD講座 5

大学教育の国際化

5

中井俊樹・宮林常崇 編著

玉川大学出版部

「大学 SD 講座」刊行にあたって

　「大学 SD 講座」は、大学職員として必要となる実践的な知識を体系的に提示することで、大学の教育研究活動の運営にこれまで以上に貢献したいと考える大学職員を支援しようとするものです。シリーズ名に含まれる SD という用語は、スタッフ・ディベロップメントの略称であり、大学職員などの能力開発を指します。

　第一の読者として想定しているのは大学職員です。勤務経験の短い大学職員にとっては難しいと感じる内容が含まれるかもしれませんが、大学とはどのような組織であり、自らがどのように活動を進めるべきかを理解することができるはずです。勤務経験の長い大学職員にとっては、これまでの現場での経験を振り返り、その後の自身のキャリアを考えるきっかけになるでしょう。また、研修を担当する大学職員にとっては、研修全体の構成を検討したり、個々の研修の教材を作成したりする際に役立つでしょう。

　大学職員に加えて、大学教員も読者の対象として考えています。大学設置基準では、SD の対象として一般の大学教員や学長などの大学の執行部も含まれていますが、本シリーズは広く教職員に役立つ内容となっています。さらに、大学職員を目指す方や大学から内定をもらい近々大学職員になる方にも手に取ってほしいと考えています。本シリーズでは便宜上、大学という用語を使用していますが、短期大学、高等専門学校などの高等教育機関の職員にも役立つ内容になっています。

　2017 年の大学設置基準の改正において、SD が義務化されました。多くの大学では、この義務化を契機に大学職員の研修の制度や体制が充実しつつあります。制度や体制の充実化が進められる一方で、遅れているのは質の高い教材の開発です。特定領域の内容については優れた教材が作成されるようになってきていますが、体系的にまとめられた本格的な書籍はほとんど見られないのが現状です。

　本シリーズの最大の特徴は、大学職員の視点で大学職員に必要となる

知識が整理されてまとめられているという点にあると考えています。そのため、多くの大学職員に執筆者や協力者として加わっていただき意見を反映しました。これまでの多くの大学論は高等教育研究者などの大学教員の視点でまとめられているのに対し、本シリーズは大学職員が自分たちの後輩や同僚に何を伝えるべきなのかという視点を重視して内容をまとめています。

　本シリーズは、教職員能力開発拠点として認定されている愛媛大学教育・学生支援機構教育企画室の活動の成果です。刊行にあたっては、全国で活躍する多くの教職員から有益な情報をいただきました。本シリーズが多くの大学関係者に活用され、直面する課題を解決し大学の教育研究活動の運営の質を高めることに役立つことを願っています。

シリーズ編者　中井俊樹

はじめに

　大学の教育の国際化はどのように進めたらよいでしょうか。教育の国際化を進めるうえでの障壁は何でしょうか。大学教育の国際化の事例がこれまで広く共有されているにもかかわらず、それを自大学で活用することが難しいと考える教職員は少なくないようです。大学教育の国際化の促進に積極的な教職員がいたとしても、その輪が学内に広がらないままに異動や退職によって担当から外れてしまうと、今までの活動が取りやめになってしまうという話もよく聞きます。さらに、街で外国人に話しかけられても聞こえなかったふりをするように、国際という名称がつかない部署では自分の業務でないと避けてしまう教職員もいるのではないでしょうか。

　大学教育の国際化というと、受け入れる留学生や海外留学する学生が増える、英語で開講している授業だけで卒業することができるようになるといったことを漠然と想像しますが、そもそも教育の国際化の目指す姿は大学や専門分野によってさまざまです。大学の国際化についての課題は総論賛成、各論反対になりやすいテーマであるため、組織として必要な施策を継続的に実施することが難しいものといえます。結果として、一部の教職員に大学としての国際化の業務が託され、学内で横展開が困難な先行事例ばかりが積み重なる大学も多いでしょう。

　大学教育を国際化するための手法や事例はこれまでさまざまな形で広く共有されてきました。しかし、その多くは、個人の知識や経験を基盤とした事例、大学や学部をゼロベースで作り上げた事例、特定の分野にのみ特化した事例、教務関連法規の視点や大学組織としての文脈が欠如している事例など、大多数の既存の組織にとって活用することが難しいものも含まれていました。

　そこで、大学SD講座の第5巻である本書は、大学職員が大学教育を国際化するために必要な知識を網羅的に身につけられるようにまとめました。本書の対象は、国際課などの名称に国際を冠する部署の職員だけ

でなく、幅広い教職員を想定しています。とりわけ、教務や学生支援の部署の職員には読んでほしいと考えています。

　本書の特徴は2つあると考えています。1つは、学生の海外留学や留学生への対応方法だけでなく、大学教育の国際化の課題、国際化に伴う教務、国際化に向けた組織運営までを1冊にまとめた点にあります。もう1つは、大学職員の教育の国際化の現場の視点を内容に反映した点です。執筆者らが講師を担当した大学教務実践研究会による勉強会や愛媛大学の研修で得られた知見も反映しました。大学の国際化を専門とする研究者には内容が物足りないと考える箇所もあるかもしれませんが、大学職員の視点で大学教育の国際化の幅広い知識を整理した書籍になったと考えています。

　本書は、大きく3つのパートから構成されます。まず、1章と2章では、大学教育の国際化の概要と動向が把握できるようになっています。次に、3章から10章までは、大学教育の国際化の実践的な業務の方法を理解することができます。具体的には、国際化にかかわる教務、学生の海外留学の支援、留学生の受け入れ、異文化コミュニケーションの方法などがまとめられています。そして、11章と12章は、大学教育の国際化を推進するための運営を理解することができます。大学教育の国際化の業務の全体像が段階的に理解できるようにしていますが、各章においても内容が完結するようにまとめていますので、自分の関心のあるところから読み始めてもよいでしょう。

　読みやすさも本書では重視しました。できるだけわかりやすい文章を心がけ、本文の内容に合ったイラストを挿入しました。執筆者の経験や意見を短い読み物形式でまとめたコラムも掲載しています。さらに、本文中の「**内なる国際化***」のように右肩に印がつけられている用語は、巻末の用語集において解説をしています。用語集には本文における掲載頁が示されており、索引としての機能も兼ねています。巻末には、大学教育の国際化に役立つ資料をまとめました。

　本書で使用する用語についてあらかじめ説明します。職員という用語

は、法令などで大学教員を含めて用いられる場合もありますが、本書では大学教員を含まない用語として使用しています。大学教員を含む場合には、大学の現場で使われる教職員という用語を使用します。また、法令や政策文書で「学修」という用語が「学習」と区別して使用されますが、本書では留学先での交流や生活などを通した幅広い学びを含めてとらえるため、引用以外には「学習」を包括的に使用します。

さらに、教育の国際化について説明する際には、使用に配慮を要する用語があります。本書においても、誤解なく正確に伝えることとわかりやすく伝えることのバランスをとる必要がありました。たとえば、日本の教育を受けて大学に初年次から所属している学生は、日本人学生という表記を使ったほうが伝わりやすいですが、特定の学生を排除するおそれがあるため、国内学生という、より包括的な用語を使用しました。同様に、国という用語は使用せざるをえない用語ですが、特定の地域を排除するという課題があります。そのため、可能な範囲で海外という用語を使用しています。一方で、国という表記を使用しなければならない場合もありましたが、地域を排除する意図はなく国と地域を包括する用語として読んでいただきたいと考えています。

本書の刊行にあたり多くの方々からご協力をいただきました。秋庭裕子氏（東京学芸大学）、太田浩氏（一橋大学）、小野勝士氏（龍谷大学）、小嶋緑氏（東北大学）、坂本規孝氏（広島市立大学）、櫻井瑠衣氏（横浜国立大学）、佐藤幸代氏（名古屋大学）、藤原将人氏（立命館アジア太平洋大学）、松崎久美氏（日本赤十字豊田看護大学）には、本書の草稿段階において貴重なアドバイスをいただきました。また、玉川大学出版部の石谷清氏および山下泰輔氏には、本書の企画のきっかけをいただき、本書が完成するまでのさまざまな場面でお力添えいただきました。この場をお借りして、ご協力くださったみなさまに御礼申し上げます。

　　　　　　　　　　　　　　　　　　　　　編著者　中井俊樹
　　　　　　　　　　　　　　　　　　　　　　　　　宮林常崇

目次

「大学 SD 講座」刊行にあたって　iii
はじめに　v

第1章　大学教育の国際化とその課題 ——————— 3

　1　大学教育の国際化とは何か　3
　　(1)　大学教育の国際化を理解する　3
　　(2)　2つの方向性がある　4
　　(3)　3つの観点がある　4
　　(4)　内なる国際化という考え方もある　5
　2　大学教育の国際化の意義を理解する　6
　　(1)　学生の幅広い能力が向上する　6
　　(2)　多様性によって活力を生みだす　7
　　(3)　国際的な連携を強化する　8
　　(4)　大学の経営課題を解決する　8
　3　大学教育の国際化の業務を理解する　9
　　(1)　学生を海外に送り出す　9
　　(2)　留学生を受け入れる　10
　　(3)　カリキュラムを国際化する　10
　　(4)　国際化に向けた体制を整備する　11
　4　大学教育の国際化の課題を把握する　12
　　(1)　内向き志向の学生が存在する　12
　　(2)　さまざまなリスクを伴う　12
　　(3)　専門的な知識を必要とする　13
　　(4)　多様な関係者との連携が求められる　14

第2章　日本の大学教育の国際化の動向 ───── 15

 1　国際化にかかわる歴史的展開を理解する　15
 （1）　国際化の経緯や潮流を理解する意味　15
 （2）　戦前も留学生を受け入れていた　15
 （3）　国際社会復帰後に国際貢献に目を向けた　16
 （4）　留学生政策は政治課題になった　17
 （5）　グローバル化の波が来た　17
 （6）　日本人の留学にも歴史がある　18
 2　大学におけるこれまでの取り組みを理解する　20
 （1）　留学生数の増加を目指した　20
 （2）　カリキュラムの国際化を図った　20
 （3）　教育改革の一環になった　21
 （4）　国際的な質保証に対応する　22
 3　学生の送り出しと受け入れの状況を理解する　22
 （1）　調査方法によって送り出し数の増減が異なる　22
 （2）　留学生の受け入れは増加している　23
 （3）　外国人学生比率は高くない　24
 4　大学を取り巻く環境の変化を理解する　25
 （1）　アジア諸国の大学の動向にも目を向ける　25
 （2）　中等教育の国際化も進んでいる　25
 （3）　キャンパスの枠が広がっている　26
 （4）　教員の国際化が求められている　26

第3章　国際化のための教務 ───── 28

 1　裁量を活かして国際化する　28
 （1）　国際化のためには個別対応が求められる　28
 （2）　個別対応の難しさを理解する　29
 （3）　教務の裁量の大きさを活かす　29

2　単位を認定する　30
　（1）1単位あたりの学習時間を確認する　30
　（2）海外の大学の単位数を換算する　31
　（3）単位認定の実務を確認する　32
　（4）成績評価の方法を決めておく　33
　3　学年暦を工夫する　33
　（1）始期と終期は大学で定めることができる　33
　（2）秋入学を広げるためには課題がある　34
　（3）授業期間を工夫する　35
　（4）卒業時期を工夫する　35
　4　学びの成果を証明する　36
　（1）学位を証明する　36
　（2）学位には国際通用性が求められている　36
　（3）海外で使える成績証明書を発行する　37
　（4）マイクロクレデンシャルを活用する　38

第4章　カリキュラムや授業の支援　──── 40

　1　国際化に向けたカリキュラムや授業とは　40
　（1）法令などのルールを踏まえる　40
　（2）国際通用性が期待される　41
　（3）ジョイントディグリーなどの制度を活用する　42
　2　授業を取り巻くルールを理解する　43
　（1）自ら開設の原則を理解する　43
　（2）多様なメディアを活用する　43
　（3）大学設置基準の特例制度を活用する　45
　（4）オンライン講座の動向を注視する　45
　3　留学生のためのカリキュラムを提供する　46
　（1）学位取得の課程に受け入れる　46
　（2）大学院に受け入れる　47

（3）　留学前の学習に対して単位を認定する　　47
　　（4）　短期研修プログラムを提供する　　47
　4　ともに学ぶ環境を提供する　　48
　　（1）　英語でともに学ぶ　　48
　　（2）　英語で学ぶ授業の課題を理解する　　49
　　（3）　世界中の学生と同じプロジェクトで学ぶ　　50
　　（4）　自大学の学習環境を国際化する　　50

第5章　海外留学プログラム ──────── 52

　1　海外留学プログラムの方針を明確にする　　52
　　（1）　海外留学の目的を明確にする　　52
　　（2）　プログラムの対象学生を定める　　52
　　（3）　参加しやすいプログラムを準備する　　53
　　（4）　多彩な体験を取り入れる　　54
　2　海外留学プログラムを計画する　　55
　　（1）　留学先を定める　　55
　　（2）　英語スコアの条件を確認する　　55
　　（3）　時期を設定する　　57
　　（4）　費用面の負担を緩和する　　57
　3　海外留学プログラムへの意欲や能力を高める　　58
　　（1）　入学前の広報で意欲を高める　　58
　　（2）　入学後の広報を行う　　59
　　（3）　留学準備科目を開講する　　60
　　（4）　留学に必要な語学力を向上する　　61
　4　海外留学プログラムの質を高める　　62
　　（1）　学生生活全体を視野に入れた履修指導をする　　62
　　（2）　留学先での履修について助言や指導をする　　62
　　（3）　海外留学プログラムを評価する　　63

第6章　海外留学の学生支援 ──────────── 66

 1　海外留学における学生支援とは　66
 (1)　海外留学における学習を促す　66
 (2)　安全で安心な生活が前提となる　66
 (3)　相手先との関係を構築する　67
 (4)　必要な支援を明確にする　68
 2　海外留学を経済的に支援する　69
 (1)　渡航費用の相場を伝える　69
 (2)　留学支援のための奨学金制度を定める　70
 (3)　外部奨学金の獲得を支援する　70
 (4)　支援制度について理解を促す　71
 3　渡航を支援する　72
 (1)　留学先への手続きを支援する　72
 (2)　渡航手続きを支援する　73
 (3)　渡航前の最終確認を行う　75
 (4)　滞在から帰国までを支援する　76
 4　海外留学の危機管理を行う　77
 (1)　全学的な危機管理体制を構築する　77
 (2)　危機管理体制の質を高める　77
 (3)　危機管理システムを活用する　78
 (4)　学生の家族の理解を得る　78

第7章　在留資格と在籍管理 ──────────── 80

 1　受け入れにかかわる制度を理解する　80
 (1)　基本的な制度の理解は欠かせない　80
 (2)　留学生とは　80
 (3)　在留資格を理解する　81
 (4)　安全保障輸出管理を理解する　82

2　入国と出国の手続きを行う　83
　　（1）在留資格認定証明書の代理申請を行う　83
　　（2）ビザの申請から日本への入国まで　84
　　（3）出国にかかわる手続きを周知する　84
　　3　在留にかかわる手続きを行う　85
　　（1）在留期間には更新の手続きが求められる　85
　　（2）留学生の就労に注意する　85
　　（3）一時出国時にはみなし再入国が認められる　87
　　（4）留学生が家族をよび寄せる　87
　　（5）就職時には在留資格の変更が必要となる　88
　　4　在籍管理を行う　89
　　（1）留学生の在籍管理とは　89
　　（2）留学生数を把握する　90
　　（3）成績や出席状況を点検する　91
　　（4）在籍管理を効率的に行う　91
　　（5）学外と連携して理解を深める　93

第8章　留学生の募集と受け入れ ―――― 94

　　1　入学希望者を増やす　94
　　（1）留学生の受け入れの目的を考える　94
　　（2）募集と審査の方法を検討する　95
　　（3）募集要項や広報資料を準備する　95
　　（4）広報活動を展開する　96
　　（5）留学希望者や日本語学校と関係を構築する　96
　　2　留学生向け入試を企画する　97
　　（1）募集人員を設定する　97
　　（2）出願資格や出願要件を設定する　97
　　（3）選抜方法を決定する　98
　　（4）スケジュールや出願方法を決定する　99

(5) 支払い方法を検討する　100
  3　留学生向け入試を実施する　100
    (1) 出願資格の有無を確認する　100
    (2) 合格者を決定する　101
    (3) 合格発表と入学手続きを行う　102
  4　渡日や入学を支援する　103
    (1) 渡日までに必要な手続きの案内を行う　103
    (2) 支援の範囲や方法を明示する　104
    (3) 学内での手続きを行う　104
    (4) 学外での手続きを支援する　105
    (5) 生活環境を整える　105
    (6) 寮や宿舎に受け入れる　106
    (7) ガイダンスやオリエンテーションを実施する　108

第9章　留学生の支援と危機管理 ─────── 110

  1　留学生への支援の体制を整備する　110
    (1) 適切な時期に適切な支援を行う　110
    (2) 教職員による個別支援を提供する　111
    (3) 学生による支援を実施する　112
    (4) 学内外と連携して支援を行う　114
  2　大学での生活や学習を支援する　115
    (1) 経済的な支援を実施する　115
    (2) 適切な履修を促す　116
    (3) 日本語の学習を支援する　116
    (4) 正課外活動を促進する　117
  3　キャリア形成を支援する　118
    (1) 留学生のキャリア形成の課題を理解する　118
    (2) 具体的な就職のイメージを促す　119
    (3) 就職活動を支援する　120

(4)　多様なキャリアに対応する　121
　4　さまざまなリスクに対応する　122
　　(1)　病気やけがに対応する　122
　　(2)　メンタルヘルスに配慮する　123
　　(3)　ハラスメントのリスクに対処する　124
　　(4)　事故や犯罪の発生に対応する　125
　　(5)　自然災害のリスクに対応する　126

第 10 章　異文化コミュニケーション ─────── 128

　1　異文化コミュニケーションの目的を理解する　128
　　(1)　異文化コミュニケーションとは　128
　　(2)　必要な情報を伝達する　129
　　(3)　相手の安心感を高める　130
　　(4)　学生の学習機会となる　130
　　(5)　自分たちのあたりまえを見直す　132
　2　異文化コミュニケーションの指針を踏まえる　132
　　(1)　さまざまな文化の違いに気づく　132
　　(2)　個人としてコミュニケーションを行う　133
　　(3)　説明と確認を丁寧に行う　135
　　(4)　相手のよび方に配慮する　135
　　(5)　非言語コミュニケーションに注意する　136
　3　日本語のコミュニケーションを工夫する　137
　　(1)　留学生に難しい表現や文法を想定する　137
　　(2)　伝わりやすく話す　138
　　(3)　難しい語彙を言い換える　139
　　(4)　やさしい日本語を活用する　139
　4　さまざまな伝達手段を活用する　140
　　(1)　重要な情報は文字にする　140
　　(2)　実物を示して説明する　141

(3)　共有できる記号を活用する　141
　　　(4)　機械翻訳を活用する　142
　　　(5)　自ら外国語を学んで使う　142

第11章　国際化を支える管理運営業務 ──────── 144
　　1　国際化における管理運営業務の意義を理解する　144
　　　(1)　個人の努力には限界がある　144
　　　(2)　ルールに対応する　144
　　　(3)　実績や成果の可視化に対応する　145
　　　(4)　業務の状況を見直し改善する　146
　　2　業務を国際化する　146
　　　(1)　使用言語を多言語化する　146
　　　(2)　キャンパスアメニティを対応させる　147
　　　(3)　金銭のやりとりを円滑にする　148
　　　(4)　学外資源も活用する　148
　　3　業務を担う人材を確保する　149
　　　(1)　教職員が国際化を担う　149
　　　(2)　専門人材を雇用する　150
　　　(3)　外国人教職員を雇用する　151
　　　(4)　外国人雇用における義務を理解する　152
　　4　円滑に遂行するための工夫をする　153
　　　(1)　業務分担表を工夫する　153
　　　(2)　他部門の教職員の関与を促す　154
　　　(3)　外部委託することも検討する　154
　　　(4)　教職員の能力開発を充実させる　155

第12章　国際化を推進する組織と運営 ──────── 156
　　1　国際化は推進力が必要である　156
　　　(1)　方針や計画をつくる　156

（2）　学内を調整し推進する機能を設ける　157
　（3）　担当する組織を決める　157
　（4）　財源を確保する　158
　2　海外の大学とは組織で連携する必要がある　158
　（1）　個人のつながりから発展する　158
　（2）　海外フェアでつながる　159
　（3）　推進するための協定を締結する　160
　（4）　海外オフィスを活用する　161
　3　大学にあった執行体制を考える　161
　（1）　組織を新設し分離する　161
　（2）　関係者が固定化する　162
　（3）　分離と固定化による課題に対応する　162
　（4）　それぞれの大学にあった体制を検討する　163
　4　国際化を推進するために　164
　（1）　組織をマネジメントする　164
　（2）　意思決定の過程をデザインする　165
　（3）　ボトルネックを減らす　165
　（4）　総合力が必要だ　166

資料　167
　1　やさしい日本語を実践するためのポイント　167
　2　大学教育の国際化業務のためのウェブサイト集　170
　3　用語集　172
参考文献　188

大学教育の国際化

第1章 大学教育の国際化とその課題

1 大学教育の国際化とは何か

(1) 大学教育の国際化を理解する

　国際化された大学とは、どのような特徴をもつのでしょうか。留学生の受け入れ数が多い、海外留学への送り出し数が多いなどを想像する人もいるでしょう。また、**カリキュラム***に諸外国の社会や文化、国際的な課題を学習する機会が充実していることを考える人もいるでしょう。さらに、国際的に通用する学位を授与していることを重視する人もいるでしょう。このように、大学教育の国際化は幅広い取り組みを含みます。

　大学の国際化を専門とする研究者は、大学の国際化を「すべての学生と教職員の教育と研究の質を向上させ、社会に意味のある貢献をすることを目的に、大学の目的、機能、方法に、国際、異文化、グローバルの観点を統合する意図的な過程」と定義しています（de Wit et al. 2015）。この定義は、幅広い取り組みを包括して大学の国際化をわかりやすく説明することの難しさを反映しているといえるでしょう。

　この定義から大学教育の国際化のもつ特徴を理解することができます。まず、大学教育の国際化が自動的に進行するものではなく、明確な意図が必要であるということです。また、海外留学する学生といった一部の者だけではなく、すべての学生と教職員を対象とすることの重要性も示唆しています。さらに、大学教育の国際化を単なる活動の積み重ねではなく、統合する過程として捉える点も重要だといえるでしょう。一方で、

大学がどのような取り組みを行ったらよいのかは明確に示されていません。これは、おかれた環境に応じて大学において取り組みを検討すべきであると解釈すべきでしょう。

(2) 2つの方向性がある

　大学教育の国際化の目的は各大学の文脈で考えるべきものです。そのためには、いくつかの枠組みを理解しておくとよいでしょう。

　大学教育の国際化における1つの方向性は、国際平和を目指すというものです。海外の国や地域に対する学生の理解を促進することで、国際平和につながる市民を育成するという考え方です。また、増加する地球規模の課題に教育研究を通して国際的に連携して解決していくことも大学に求められているといえるでしょう。

　もう1つの方向性は、国際競争力を強化するというものです。優秀な留学生や外国人教員を獲得し、グローバルな社会で活躍する卒業生を輩出し、グローバルな市場の中で大学の国際競争力を高めていくという考え方です。

　国際平和と国際競争力の強化の2つは、大学教育の国際化の方向性を検討するうえで対立する争点になるかもしれません。国際平和を目指す国際化から国際競争力を強化する国際化に徐々に変化している大学もあるでしょう。ただし、国際的な対話を通じて知識の共有を促進しながら国際競争力を高めていくように、国際平和と国際競争力の強化は両立していくことも可能といえるでしょう。

(3) 3つの観点がある

　大学教育の国際化は、通用性、交流性、開放性という3つの観点で整理されることがあります（喜多村 1984）。通用性とは、国外の多様な人々に対して大学の機能や水準が理解され評価されていることです。交流性とは、国籍、民族、文化を異にする人間関係の交流が活性化されていることです。開放性とは、異質な文化や民族を背景とする人々が制度

> **コラム　初期の大学は国際化されていたのか**
>
> 　昔の大学と比較して、現在の大学は教育の国際化が進んでいるのでしょうか。近年の留学生数や外国人教員数の増加などの指標に基づくと、教育の国際化が進んでいるのかもしれません。
> 　では、大学の長い歴史を通しても教育の国際化が進んでいるといえるでしょうか。現在の大学の原型は、中世のヨーロッパで誕生した大学です。当時の大学には、国境を越えてヨーロッパ各地から学生が集まってきました。大学における教授言語はラテン語であり、学生はラテン語という大学の共通語を理解できれば、どの大学においても学ぶことができました。また、大学が与える学位は、ヨーロッパ中で通用するものとされていました。
> 　大学のおかれた環境が異なるため、現在の大学と単純に比較して評価することはできないでしょう。当時の大学は、国民に対する教育のため機関という役割をそれほど期待されていませんでした。また、国際的な学生の移動といっても、現在のように大陸間を縦断する規模ではありませんでした。しかし、少なくとも国際性を備えた共同体として大学が誕生したということは確かであるといえるでしょう。

のみならず意識のレベルで、自国の者と対等な立場で受け入れられていることです。

　これらの3つの観点を踏まえると、国際化された大学とは、国外に対して通用する教育研究などの質をもち、学生や教職員の交流が活発で、多様な人々に開かれた制度と文化をもつ大学だということができるでしょう。大学教育の国際化の現状を把握にする際に、通用性、交流性、開放性という3つの観点は参考になるでしょう。

(4)　内なる国際化という考え方もある

　大学の国際化は、その定義に示されているように、留学などの移動を伴うものだけには限定されません。留学などで移動しない学生に主眼をおく大学の国際化として、**内なる国際化***（internationalization at home）という言葉が使用されることがあります。内なる国際化は、国内の学習環境において、すべての学生のためにカリキュラムの国際化を進めてい

くことです（Beelen & Jones 2015）。この内なる国際化は、海外への移動を伴う国際化（internationalization abroad）と対比される概念です。大学教育の国際化を考える際には、海外留学する学生だけでなく、海外留学しない国内学生の視点ももつことが重要です。

たとえば、留学生を受け入れる意味について、内なる国際化という視点で考えてみましょう。キャンパスに留学生がいることで、多くの学生は日常的に国際性を感じたり、留学生の文化や価値観を学んだりする機会も生まれます。このような機会は海外留学しない国内学生にとっても意味があります。ただし、キャンパスに留学生がいれば国内学生との交流が自然と生まれるわけではありません。交流を促進するための授業、各種イベント、**正課外活動***、**国際寮***などの大学の取り組みが重要になります。

2　大学教育の国際化の意義を理解する

(1)　学生の幅広い能力が向上する

大学教育の国際化はそれ自体が目的なのか、それとも何かを達成するための手段なのでしょうか。「国際化は本来、それ自体が目的や目標になるものではない」（太田 2016）と指摘されます。大学教育の国際化は、国の政策によって推進されたり、産業界から要請されたりすることがあります。そのような外部からの要請が契機になったとしても、大学の中で教育の国際化を推進するためには、何のために大学教育の国際化を推進するのかという意義を明確にして教職員で共有することが重要です。

大学教育の国際化の意義の1つは、学生の幅広い能力の向上です。近年の大学は、専門分野の知識だけでなく社会で活躍できる幅広い能力の育成も求められています。**学士力***、**コンピテンシー***、**汎用的能力***、**トランスファラブルスキル***といった用語が政策文書や各大学の**ディプロマ・ポリシー***に記されるようになっています。

　多くの大学では、国際性に関する能力、コミュニケーション能力、多様な人と協働する能力といった幅広い能力の獲得を教育目標に組み込んでいます。それらの能力の習得の手段として、大学教育の国際化に向けた取り組みが位置づけられるでしょう。

　参考までに、留学の効果については、外国語運用能力や異文化間コミュニケーションの向上だけでなく、学習意欲、学業成績、社会性、自己肯定感などの向上といった幅広い効果があることが調査によって指摘されています（横田ほか編 2018）。

(2) 多様性によって活力を生みだす

　大学教育の国際化の意義として、大学内の多様性の向上もあります。多くの大学は多様性という価値観を重視しています。留学生や外国人教員の受け入れは大学内の多様性を高めます。

　多様な国籍や経験をもつ学生や教職員がいることによって、異なる価値観、文化、知識、経験が共有され、それぞれの学生が異なる視点からの学習を促進することが期待されます。異なる分野や文化の人々が交流することで、新しいアイデアやイノベーションが生みだされる可能性が高まります（サイド 2021）。多様性は大学に活力を生み出す源泉になりえるでしょう。

多様な学生や教員が集まることで、混乱が生まれるかもしれません。大学の制度や慣習が追いついていない場合もあるでしょう。多様性が活力を生み出すような大学の環境づくりが求められます。

(3) 国際的な連携を強化する

　大学教育の国際化には、国際的な連携を強化するという意義もあります。国際的な大学間の連携を強化することで、学生や教職員の交流を促進するだけでなく、国を越えて情報や工夫を共有し、協力して教育プログラムを進めることもできます。**ダブルディグリー***や**ジョイントディグリー***など、単独の大学ではできないプログラムを提供することもできるでしょう。また、国際的な大学間の連携は、研究の国際化や大学全体の国際的な存在感を高めることにもつながります。連携の形態としては、大学間の連携だけでなく多国間の大学間連携を進める**コンソーシアム***を活用した事例もあります。

　また、国際協力という観点で国際的な連携を構築する場合もあります。**ODA***とよばれる日本の開発途上国への支援の中には、留学生や研修生を受け入れる事業が含まれています。開発途上国からの留学生や教員を積極的に受け入れたり、開発途上国の発展につながる教育内容を充実させたりする大学もあります。

(4) 大学の経営課題を解決する

　大学の教育の国際化には、経営課題を解決するという意義をもつ場合もあります。日本の18歳人口は長期的に減少していきます。国内の高校卒業者のみを入学の対象としていては、大学の入学者獲得は難しくなるでしょう。そのため、増加傾向にある世界の留学生の市場に着目し、積極的に外国人留学生を受け入れている大学もあります。海外においても、外国人留学生の受け入れを進める大学や、国内学生と比較して留学生の学費を高価に設定し大学の重要な収入源とする大学もあります。

　大学教育の国際化の実態が、学外からの評価において重要な指標にな

ることもあります。たとえば、外国人学生比率、外国人教員比率、国内学生の留学比率、外国語で行われている授業の比率を構成要素として総合順位を発表する**大学ランキング***もあります。大学ランキングの順位を重視している大学にとっては、大学教育の国際化の推進が重要な課題となります。

3 大学教育の国際化の業務を理解する

(1) 学生を海外に送り出す

　大学教育の国際化は幅広い活動を含みますが、職員の業務を念頭におくと、いくつかの主要な取り組みに整理することができるでしょう。まずは、学生を海外に送り出す業務です。学生を海外に送り出すには、その目的、滞在先、期間などによってさまざまな形態があります。長期間にわたって**単位***の修得や研究のために留学する学生もいれば、語学習得、異文化体験、**フィールドワーク***、**インターンシップ***、**ボランティア***を目的とした短期プログラムに参加する学生もいます。どのような形態で学生を海外に送り出したいかについては、教育方針として大学内で明確にしておくべきでしょう。

　カリキュラムにおいて海外留学を義務化している大学もあります。すべての学生が1年間の海外留学を経験して留学先で単位を修得できるようにする大学もあれば、2週間程度の短期プログラムの参加を求める大学もあります。また、特定の学部に所属する学生に留学を義務づけている大学もあります。

　学生が海外留学するには、外国語などの能力の証明や**GPA***などの成績が求められる場合もあるため、入学試験において語学力を重視したり、学生の語学力を高める授業や授業外のプログラムを準備したりする必要があります。また、海外には行きたいものの、いつどこに行ったらよいのか悩む学生に対する支援も求められます。さらに、留学費用、留

学先の学習の**単位認定***、留学生活全体の支援、危機管理体制など、学生が安心して留学先で学習できるように情報提供や支援体制を整備する必要があります。

(2) 留学生を受け入れる

次に、留学生を受け入れる業務です。留学生を受け入れる際にも、どのような留学生を受け入れたいのか、留学生にどのような学習を提供したいのかといった方針を明確にすることが重要です。日本の大学での学位取得を目的とする留学生を増やしたい場合もあれば、一部の授業科目の履修や特定のコースの学習を目的とする留学生を増やしたい場合もあるでしょう。留学生の受け入れの方針にそって、志願者の募集や入試選抜を検討していくべきでしょう。

留学生のニーズを把握することも重要です。留学生はカリキュラムの質や将来の**キャリア***を考慮して留学先を選択する傾向があります。また、生活費も含めた必要な金額や合格決定の時期も留学先を選択する際の重要な項目です。留学生が求める情報を適切に提供することが大学に求められます。

留学生の日本への入国や在留手続きの支援も重要な業務です。また、留学生向け教育プログラムの設置、留学生を対象とした**奨学金***、学習支援、生活支援、キャリア支援などの充実も視野に入れます。さらに、国内学生や地域住民との交流を促進するような取り組みが行われるとよいでしょう。

(3) カリキュラムを国際化する

カリキュラムの国際化も重要な業務です。カリキュラムの国際化は、海外留学しない学生も念頭に置く必要があります。国際性の向上にかかわる学習目標をカリキュラムに加える、国際的な内容を学習する授業を提供する、**国際共修***とよばれる文化や言語の異なる学習者による協同学習を取り入れる、**COIL***（Collaborative Online International Learning）

とよばれる国際協働オンライン学習プログラムを提供する、短期留学プログラムを単位化する、外国人教員による授業を提供する、英語で授業を提供する、などが取り組みとして検討することができるでしょう。

　国際的な視点からカリキュラムの改善点を見出すこともできます。たとえば、カリキュラムの時間区分は、国際化に影響を与えます。**秋入学***の制度を取り入れると、学年暦が異なる国からの留学生を受け入れやすくなります。また、学期の区切り方には、通年制とよばれる1学期制、前後期制や**セメスター制***とよばれる2学期制、**クォーター制***とよばれる4学期制などがあります。細かく学期を区切って開講するといった授業の配置の工夫によって、国内学生の留学を促進することができるでしょう。

(4) 国際化に向けた体制を整備する

　教育の国際化に向けた体制を整備する業務もあります。まずは、大学教育の国際化を推進するための方針や計画を策定することが求められます。大学教育の国際化にはさまざまな方向性や取り組みが考えられるため、大学に合った方針や計画を検討して学内で共有する必要があります。そして、その方針や計画を達成するための組織や財源を準備します。

　また、海外の大学などとの連携も重要です。海外の大学との協定を締結する場合は、どの大学とどのような条件で合意文書を取り交わすのかを検討しなければなりません。その場合は、送り出す学生数と受け入れる学生数のバランスにも留意する必要があります。

　大学の管理運営の業務を国際化することも求められるでしょう。学内の表示や文書を多言語化したり、海外との金銭のやり取りを円滑にしたり、多言語で対応ができる窓口を設置したりするなどによって、多様な学生や教職員にとって障壁の少ない環境を整備することができるでしょう。さらに、教職員に対して、大学教育の国際化に必要な知識や技能を身につける能力開発の機会を提供することも重要です。

4　大学教育の国際化の課題を把握する

(1)　内向き志向の学生が存在する

　大学教育の国際化の課題にはさまざまなものがあります。その1つは、内向き志向の学生の存在です。大学が留学や国際交流プログラムといった国際的な学習体験の機会を提供したところで、学生が参加したいと考えないかぎり、実質的な大学教育の国際化は進みません。国内学生と留学生との間の交流の機会を提供しても、結果として相互の交流が十分に行われていないこともあるでしょう。

　また、海外で学習するにあたり、学生にはさまざまな不安があります。言語の障壁に加えて、留学に要する費用、留学先の文化の違い、家族や友人らとの一時的な別れ、就職活動への影響などの不安もあるでしょう。多くの学生にとって、日本の社会は便利で居心地がよいため、慣れ親しんだ場所から新しい分野や未知の世界に向けて飛び出すことに抵抗が大きいことも指摘されています（横田・小林編 2013）。

　このような学生の不安をまず理解したうえで、すでに留学した学生の実体験を伝える機会をつくるなど、自分にもできそうだと学生が思えるような情報提供や支援をすることが重要です。また、教職員が内向き志向な言動をとってしまうと、学生にも悪影響を与えてしまうことも理解しておきましょう。

(2)　さまざまなリスクを伴う

　大学教育の国際化にはさまざまなリスクが伴うため、リスクに対する対応も課題となります。まずは、安全上のリスクです。たとえば、留学先で事件や事故などのリスクや怪我や病気などの健康上のリスクには注意しなければなりません。そのようなリスクを未然に避けるように指導し、それでも事件などがあった場合には、その対応の方法を伝えたりす

るなどが大学に求められています。

　留学先の文化に学生が適応することが困難な場合もあります。ファーストネームでよび合う文化、ハグや頬を合わせて挨拶をする文化、レストランやホテルでチップを渡す文化、政治について自分の意見を述べる文化などに戸惑う学生もいるでしょう。メンタルヘルスの不調やホームシックにかかる学生も一定数いると考えておく必要があります。

　こうしたさまざまなリスクがありうることを大学は理解し、安全かつ安心に国際化を進められるように学生を支援する必要があります。一方で、安全や安心を過度に追求するあまり、学習の機会や留学の魅力を減少させてしまう可能性を考慮に入れる必要もあるでしょう（横田・小林編 2013）。

(3) 専門的な知識を必要とする

　大学教育の国際化を進めるためには、そのための知識が必要です。学生を派遣する国や留学生を受け入れる国の基本的な制度を理解しておきましょう。ほとんどの国の大学では、教育制度が日本とは異なっているからです。学年暦、**修業年限***、教養教育の有無、単位修得の方法などは把握しておきたいものです。

　また、学生の受け入れの方法や要件も国や大学によって異なります。すべての国の教育制度や大学ごとの制度を詳細に理解することは現実的ではありませんが、学生をいつ派遣したらよいのか、留学先での学習を自大学でどのように単位認定できるかといった重要な情報は理解しておきたいものです。

　留学生の受け入れには、**在留資格***や入国管理などの制度にかかわる知識も必要となります。各種奨学金や滞在中の住居についての情報も求められます。さらに、諸外国の文化や慣習についての基礎的な知識を身につけておくべきでしょう。

(4) 多様な関係者との連携が求められる

　大学教育の国際化にかかわる部署や関係者はさまざまです。そのため、国際化を円滑に進めるには、教務部門と国際部門といった部署間での協働が求められます。協働を円滑に進めるためには、日頃からそれぞれの業務内容に関心をもって把握しておかなければなりません。

　また、学生を他部署に仲介する場合も注意が必要です。学生が見放された、もしくはたらい回しにされたと感じないように配慮をしましょう。このような適切に仲介する能力を、**リフェラルスキル***とよぶことがあります（清水・中井編 2022）。

　協働の対象は学内の別部署だけではありません。留学生のチューターなどの学生、フィールドワーク先や留学生を雇用する企業などの学外関係者も大学教育の国際化には重要な役割を果たします。さらに、大学教育の国際化にかかわるサービスを提供する民間企業も少なくありません。幅広い関係者と協働することで、学内の教職員だけはできない大学教育の国際化を進めることができるのです。

第2章 日本の大学教育の国際化の動向

1 国際化にかかわる歴史的展開を理解する

(1) 国際化の経緯や潮流を理解する意味

　それぞれの大学は、独自に国際化の方針をたて、具体的な施策を実施しています。その際、目標の設定や現状認識の共有が重要となりますが、同時に現在の国の政策を理解することに加え、これまでの経緯も踏まえて考える必要もあります。

　ここでは、国際化にかかわる歴史を、政策を中心に時系列で振り返り、その意義や大学への影響をみてみましょう。それぞれの大学が進める教育の国際化の背景にある政策的課題を理解し、大学の取り組みについて考えていくことが重要です。日本の大学の国際化の経緯や潮流を理解することで、大学教育の国際化の課題をより明らかにすることにもつながるでしょう。

(2) 戦前も留学生を受け入れていた

　2001年、留学生受け入れ制度100年記念式典が日本政府によって開催されました。その起点とされたのは1901年の文部省直轄学校外国人特別入学規程の制定です。規程制定の翌年には58人の留学生を受け入れています。

　もっとも、それ以前にも留学生の受け入れは行われていました。1881年、慶應義塾が朝鮮から留学生を受け入れたのが最初の外国人留学生と

されています。1896年には清国政府派遣留学生が渡日しています。

　戦前、日本政府による海外からの奨学生の受け入れは実施されていませんでしたが、アジア諸国の民族運動が高まると、近代化に早期に成功した日本には多くの留学生が集まりました。1935年には留学生受け入れ団体である国際学友会が、外務省の外郭団体として設立され、独立行政法人である日本学生支援機構に再編・統合される2004年まで存続しました。

　アジア太平洋戦争が始まると、1943年と1944年に東南アジア諸国からの国費外国人留学生として南方特別留学生を招致しました。この事業は、日本の敗戦により中止され、そのほかの留学生事業も終戦を境に断絶されることになったのです。

(3)　国際社会復帰後に国際貢献に目を向けた

　1952年、サンフランシスコ講和条約が発効し、日本の主権が回復します。1954年には日本の国際社会への復帰を機に**国費外国人留学生制度***が開始されることになります。この制度は東南アジア諸国からの留学生招致に重点がおかれ、人材養成を通じた社会的・経済的発展に協力しようとするもので、1960年にはインドネシア賠償留学生の受け入れが始まりますが、これも外交的意味合いの強いものでした。1964年の文部省留学生課の設置、1970年の日本国際教育協会による私費外国人留学生統一試験の実施、1972年の国際交流基金の設立など、留学生の受け入れ体制も徐々に整えられていきます。

　戦後は国費外国人留学生の受け入れを中心とする留学生政策をとるようになりました。しかし、日本の経済発展に伴って私費留学生が増加し、実態としては私費留学生が留学生の大半を占めていたのです。外国政府派遣留学生の受け入れも、1979年の中国を皮切りに、マレーシア、タイ、インドネシアというように順次増加していきました。このように、終戦後から1980年代初頭までの留学生政策の主な目的は、送り出し国と日本との相互理解・友好促進（戦後賠償を含め）や発展途上国の人材

育成支援を通じた経済協力にあったといえるでしょう。

　この時代に大学に求められた取り組みは、第一に留学生の支援にありました。留学生を円滑に受け入れることが大学の国際化とされていました。

(4)　留学生政策は政治課題になった

　1983年、中曽根内閣は、21世紀初頭に留学生受け入れ数を10万人に増加させるという「留学生受入れ10万人計画」を打ち出しました。当時の留学生数は約1万人でしたから、意欲的な計画であると同時に留学生政策への影響も大きなものでした。

　計画遂行のため、留学生受け入れ態勢の整備、日本語教育の拡充、宿舎の整備、民間活動の推進、帰国留学生への支援、短期留学の促進、私費留学生への学習奨励費支給制度、資格外活動（アルバイト）の規制緩和などのさまざまな施策がとられました。その結果、2003年に留学生数は目標の10万人を超えることになります。もっとも、目標達成に大きく寄与したのは、個人留学が認められるようになった中国人留学生の急増であることも見逃せません。

　留学生受入れ10万人計画により、それ以降の留学生政策の目的は、それまでの国際親善や人材育成にとどまらず、日本の社会・経済構造の国際化や国際社会に対する知的影響力の強化、いわゆる知的国際貢献を国際交流の利点として掲げるようになりました（留学生政策懇談会 1999）。留学生政策は、日本の国際競争力強化に結びつくようになったのです。

　1980年代以降、大学の留学生支援の取り組みは質、量の両面で大きく拡大しました。あわせて、大学自体の国際化が求められるようになってきました。

(5)　グローバル化の波が来た

　2008年になると福田内閣は、2020年を目途に30万人の留学生の受け入れを目指すという留学生30万人計画を表明しました。政府のグ

ローバル戦略の一環として、優秀な留学生の戦略的な獲得やそのための魅力ある大学づくりなどが提言されました。さらには留学生が卒業後に日本社会で活躍する方策、つまり、高度人材の受け入れという新たな視点が求められるようになります。

　この時期の文部科学省は、グローバル 30 と称される 2009 年の国際化拠点整備事業を始め、大学の国際化を図る競争的資金を次々に登場させます。グローバル 30 では、優秀な留学生を獲得する施策の 1 つとして、英語によって学位取得が可能となる課程の開設が申請要件とされました。

　一般に**グローバル化***の進展によって、外交と内政の一体化が進むとされています（国際交流基金 2003）。国際交流政策においても、それまでの外交の一部としての扱いから、優秀な外国人材の獲得といった日本経済も巻き込んだ対応に重きがおかれるようになったのです。また、日本の高等教育の国際通用性を向上させるため、徹底した大学改革が求められました。2014 年のスーパーグローバル大学創成支援事業では、国内学生に海外体験を提供し、グローバル対応力を育成する取り組みや大学全体の国際化を重視します。国際交流政策と高等教育政策は、その関係が強まるとともに、地政学的な国益に配慮した政策と連動するようになってきているのです。国費の大学推薦における重点地域の設定などはその一例です。

　このように、大学の国際化の取り組みは通常の大学改革の一環になり、教育の国際化は国際通用性の確保、グローバル人材の養成、多様な留学生支援などの取り組みの総体を指すようになりました。

(6)　日本人の留学にも歴史がある

　日本人の海外留学は幕末期から始まっていましたが、明治期に移ると、政府が主導して欧米の技術や学芸を導入するために留学生を派遣しました。また、当時の文部省は高等教育機関の教員養成を主な目的として留学生を送り出しています。大学の教員・研究者の海外派遣に関しては、

　1950年に文部省在外研究員制度が再開されたのをはじめ、海外特別研究員制度や内外の財団の支援などにより実施されました。
　戦後の留学事業としては、国際奨学金のフルブライト交流事業が有名です。これは、アメリカと諸外国との相互留学と国際親善をアメリカの資金により実施するもので、日本では1952年に始まりました。国内学生の海外派遣に関する施策としては、1968年のアジア諸国等派遣留学生制度や1972年の学生国際交流制度などの取り組みがあります。しかしながら比較的最近にいたるまで、国際交流政策の中心は派遣よりも留学生の受け入れにおかれていました。
　2008年に留学生30万人計画が始まると、留学生の受け入れとともに日本人のグローバル人材育成の議論が高まります。政府は、留学促進のための予算措置や支援制度を拡充させるようになり、2013年の日本再興戦略では、日本人の海外長期留学者数について、2010年の約6万人から2020年までに12万人に倍増する目標が掲げられました。
　このような政策のもと、現在の大学は、学生の海外への送り出しにも大きな役割を果たすことが求められるようになっています。

2 大学におけるこれまでの取り組みを理解する

(1) 留学生数の増加を目指した

　もともと日本の大学は日本の発展のため、日本人に対し日本語で教育することに主眼をおいていました。また、日本の大学の諸制度は欧米の大学を参考にしながらも独自の展開を遂げてきました。このような伝統をもつ日本の大学教育は、どのように国際化の意味をとらえ、何を行ってきたのでしょうか。

　日本において、大学の国際化が大きな話題になったのは、1980年代以降のことです。それまでも国際化の議論がなかったわけではありませんが、一部の学生や特殊な事例に留まっていました。1980年代から1990年代にかけての大学の国際化の議論の中心は、留学生の受け入れに関するものでした。日本は、国際社会での知的影響力の強化を図るため、積極的な留学生の受け入れに舵を切ったのです。つまり、留学生数を増加させるための施策が、大学の国際化のための主要な活動となりました。

　この時期、多くの大学が留学生センターを設置するなどの留学生支援の施策をとりました。ただし、大学教育の内容や制度が大きな変化を受けることはほとんどありませんでした。

(2) カリキュラムの国際化を図った

　2000年代に入ると、大学教育の国際化は英語による教育の充実を目指す取り組みに注目が集まります。これは、英語による教育が、留学生の獲得や海外の研究者との交流を促進すると考えたからです。そのため、外国人教員の採用とともに、日本人教員であっても外国での研究教育実績が重視されるようになりました。

　英語による教育の実施は、単なる留学生の受け入れだけではなく、**カ**

リキュラム*を国際化することを意味しています。**ダブルディグリー***をはじめとした国際連携プログラムの開設が比較的容易になると、留学生の受け入れや送り出しがますます盛んになりました。その一方で、国際的な**単位互換制度***の整備や国際標準に基づく質保証などが求められるようになったのです。また、英語を用いた教授方法を学ぶ **FD***や留学生の受け入れや送り出しを担う職員の能力開発としての **SD***にも焦点があてられます。

　英語による教育を拡充し、英語で学ぶ留学生の増加を目指すということは、留学生の獲得を目指す諸外国の大学と同じ土俵に立つということを意味します。日本の大学教育が、国際的な通用性を高めるとともに、国際的視野の獲得や**キャリア***の展望などの日本の大学で学ぶ意義を明確に示していかなければならないという課題にも直面することになりました。加えて、グローバル化の進展に伴い、留学生の受け入れや送り出し、そして研究者の交流は、もはや二国間の関係だけではなく、国際的な競争や協力関係の中でとらえなければならないでしょう。

(3)　教育改革の一環になった

　2000年の大学審議会答申「グローバル時代に求められる大学教育の在り方について」による国際化への提言がありました。それを機に2000年頃から、国際的に活躍できる人材の養成、国際的な通用性・共通性の確保、国際競争力の強化、学生や教員の流動性の向上、教育研究を通じた国際貢献・交流などが政策的に要請されるようになります。

　この時期、大学教育の国際化は、日本のさらなる経済発展を担う人材の育成という社会的要請と一体化していきます。いわゆる、グローバル人材の育成です。ここから、大学の国際化が大学全体の教育改革と深く結びつくようになります。この時期から、たとえば、英語による授業のみで学位が取得できるカリキュラムが編成されるようになりました。こうした動向の中で、知の拠点として大学の国際的な評価がとりわけ重要になり、研究者の国際的な活動、国際的な連携の取り組み、国際的通用

性の確保など教育の国際化と関連するさまざまな施策によって、大学自体の評価を高めることが求められるようになりました。

(4) 国際的な質保証に対応する

2004年に認証評価が始まり、教育の質を保証する仕組みが重要視されるようになりました。この制度の導入の背景には、日本の高等教育の国際競争力強化や国際的通用性確保の必要性もありました。国境を越えた学生移動の拡大に伴い、大学教育の質を国際的に説明する必要性が高まってきました。国際間で大学教育の互換性を保証することが求められているのです。

日本の大学と海外の大学が交換留学等の交流協定を締結する際、相互にアクレディテーション団体（日本では認証評価機関）の認定の状況を確認する理由もここにあります。また、日本の認証評価機関も国際的な質保証ネットワークに加盟するとともに、独自に海外のアクレディテーション団体と連携して共同認証を行うなど、大学評価の国際通用性の向上を図っています。

3　学生の送り出しと受け入れの状況を理解する

(1) 調査方法によって送り出し数の増減が異なる

それぞれの大学は受け入れた留学生数などのデータを国際化の指標としているでしょう。個別の大学のデータ自体にも意味はありますが、国内外の動向と比較して自大学の現状の認識を深めることも重要です。ここでは、日本の大学全体の状況を概観してみましょう。

2010年頃から日本人の海外留学者数の減少が指摘されるようになりました。若者の内向き志向が原因とされ、政府の国際交流政策の基本認識となっています。根拠となるデータは、OECD、ユネスコ、米国国際教育研究所など海外の機関の統計をもとに文部科学省が集計したもので、

それによると2004年をピークに海外留学者数は減少傾向にあります。ところが一方で、日本学生支援機構による日本人学生留学状況調査では、2003年の調査開始後から、新型コロナウイルス感染症の拡大の前までは、留学者数はほぼ一貫して増加しているのです。

この2つの異なる調査結果は、調査方法の違いに起因しています。海外の機関の統計の主な対象は学位取得を目的とする日本人の海外留学者、つまり留学ビザ取得者です。個人での留学、官庁や企業からの留学も含みます。短期のプログラムの留学者すべてを対象にしているわけではありません。他方、日本学生支援機構の調査対象は、大学が把握している国内学生の派遣数で、すべての留学が含まれますが、学生が大学に知らせずに留学する場合や卒業後の留学についての情報はありません。

このような状況から、日本人留学生の総数の増減について判断することは困難なようです。ただし、日本学生支援機構の調査結果から、2010年代に国内学生の短期留学が大幅に増えたことは確実です。その多くは1カ月未満の留学となっています。大学が短期の留学プログラムを中心に、学生を盛んに海外に送り出すようになったことが伺えます。

(2) 留学生の受け入れは増加している

外国人留学生の受け入れ状況を知るには、日本学生支援機構の**外国人留学生在籍状況調査***を利用するのが便利です。それによれば、おおその傾向として留学生数は増加し続けているのがわかります。ただし、増加の仕方は一様ではなく、日本政府の政策に加えて世界経済や送り出し国の政策などにも左右されています。

留学生の出身国を見ると、留学生受入れ10万人計画が始まった1980年代前半は、台湾と韓国が上位を占めていましたが、1980年代後半以降から中国がトップになります。その後、長らく中国が圧倒し、韓国と台湾がそれに続く状態でしたが、2010年代には、ベトナムとネパールからの留学生が急増し、今日では、その2カ国が中国に続いて、送り出し国の2位と3位になっています。

第2章 日本の大学教育の国際化の動向 | 23

2010年から**在留資格**＊の留学と就学が一本化され、翌年の2011年からは日本語教育機関に在籍する学生も留学生として集計されることになりました。高等教育機関、日本語教育機関ともに2010年代に留学生数が急増しましたが、高等教育機関の中でも専門学校の留学生数の伸びが顕著です。設置者ごとにみると、大学の学部段階では私立大学に約8割、大学院では国立大学に約6割の留学生が集中していることが特徴です。

(3) 外国人学生比率は高くない

大学ランキング＊の影響力が高まるにつれて、日本の政府と大学はその動向を注視するようになりました。ランキングでは、国際化の指標も評価の対象になっており、外国人学生比率は、タイムズ・ハイヤー・エデュケーションでは2.5％、QSでは5％の比重を占めています。

2017年のOECDの調査データによれば、日本の外国人学生の比率は4.3％で、世界的に見て決して高い数値ではありません（OECD平均は5.8％）。また、世界の留学生・外国人学生市場での日本の存在感はどの程度でしょうか。同じくOECDの調査から確認すると、各国のシェアは、アメリカ（22.2％）、イギリス（9.8％）、オーストラリア（8.6％）、ロシア（6.2％）、ドイツ（5.8％）、フランス（5.8％）、カナダ（4.7％）の後に日本（3.7％）が登場します。さらに、中国、トルコ、イタリア、オランダ、サウジアラビアと続いています。2000年のデータでは、日本の数値は3.1％とあり、微増していることがわかるでしょう。この調査では、世界全体の高等教育機関で学ぶ留学生・外国人学生の総数は約530万人です。1990年は130万人、2000年は210万人、2010年は370万人という増加は、急激な勢いによる市場の拡大を意味しています。このような世界情勢の中で、日本は留学生の獲得に動いているのです。

4 大学を取り巻く環境の変化を理解する

(1) アジア諸国の大学の動向にも目を向ける

　1990年代以降、中国をはじめアジア諸国でも、経済発展に応じた人材需要の拡大を受け、高等教育の拡張政策がとられました。この時期の高等教育の拡大は、国際的な高等教育市場の変容も伴っていました。国際的な人材の流動性が大学にとっても国家にとっても有用であるという考えから、各国政府は国際的な競争力を高める高等教育政策を展開していきました。

　世界的な規模で高等教育市場が急拡大する中、欧米や日本に留学生を送り出す側であったアジア諸国の大学は、留学生を積極的に受け入れるようになっています。このような国際的な大学間競争が激しくなる中、日本の大学も拡大した留学生市場をにらみ、国際化に取り組む必要があるといえるでしょう。

(2) 中等教育の国際化も進んでいる

　大学の国際化は国の政策の一環でもあることをみてきましたが、その影響は高校にも及んでいます。文部科学省の「スーパーグローバルハイスクール（SGH）」事業（2014～2020年度）に代表されるように、中等教育段階においても教育の国際化が推進されていることに目を向ける必要があります。

　また、国際的な大学入学資格である**国際バカロレア**＊を取得できる認定校が日本国内でも増加したことに伴い、国際バカロレア取得者向けの特別入試を実施する大学も増えてきています。このように、大学教育の国際化は中等教育の国際化とも関係しており、大学はその動きを捉え、入学者の受け入れを行う必要がでてきています。

(3) キャンパスの枠が広がっている

　大学教育の国際化には、キャンパスの海外進出や海外の大学との提携という手段もあります。英語圏の大学が、中東地域、中国やシンガポールなどに教育拠点を置くことは珍しくありません。海外の大学のプログラムでは、シンガポールでの学びを経て、イギリスの大学の学位が取得できるコースなども増えてきています。

　2004年、外国大学日本校の指定制度が整いました。この制度は、外国大学等の日本校のうち、当該国の学校教育制度に位置づけられた教育施設として文部科学大臣が指定するものです。指定を受けることで、課程修了者に対して日本の大学院などへの入学資格が与えられたり、日本の大学との単位互換が認められたりするなどの制度的な保証を得ることができます。

　また、2005年の**大学設置基準**＊の改正により、大学は、外国に学部、学科その他の組織を設けることができるようになりました。いわゆる、日本の大学の海外校制度です。これにより、外国に設置した学部等において教育課程のすべてを実施して、海外校のみで日本の大学を卒業すること、または教育課程の一部を実施し、国内校の教育課程の履修と合わせて日本の大学を卒業することが可能になりました。

　制度上でも従来の留学とは異なる国際的教育の可能性が広がっています。オンライン教育との組み合わせを考慮すると、さらに多様な教育機会の提供につながるでしょう。

(4) 教員の国際化が求められている

　明治期の高等教育機関は、欧米の進んだ知識や文化を早急に採り入れるため、いわゆるお雇い外国人を招き入れましたが、その後、順次日本人教員に置き換えられていきました。戦後の国公立大学では、教員の身分は公務員であり、外国人が正規の教授などの職に就くことはできませんでした。

1982年の国立又は公立の大学における外国人教員の任用等に関する特別措置法によって、国公立大学も外国人教員の任用の道が開けました。とはいえ、法律を整備したからといって急速に外国人教員が増加したわけではありません。

　2000年代以降、大学の国際化のため、外国人教員の積極的な採用、外国人教員の比率の向上を目指すようになっています。一方で、日本人教員に対しても、海外の大学で学位を取得した教員や外国での教育研究歴のある教員の割合増が求められるようになりました。外国人教員の増加と合わせて、日本人教員の国際経験も求められるようになり、英語での授業実施や国際共同研究の推進などを全学的に進める大学もあります。留学生への理解を促したり、教育の国際化に対応したりするためのFDが実施されるようになっています。

第3章 国際化のための教務

1 裁量を活かして国際化する

(1) 国際化のためには個別対応が求められる

　自大学の学生を海外に送り出したり、海外の大学から留学生を受け入れたりするうえで教務の体制や仕組みを整えることは不可欠です。学生の行き来が活発化していく中で、教務に関連する業務は拡大していくでしょう。そして、その多くは個別対応を必要とするものです。たとえば、学生全員を同時期に同じ大学へ留学に送り出すことができれば、留学先で履修する授業科目をそろえることができるため、留学を**カリキュラム***に組み込み、教務も全員一律の対応をすることが可能かもしれません。しかし、現実には、個々の学生のニーズや語学力などを勘案して、留学先や時期を個別に対応せざるを得ません。受け入れる留学生についても、留学生個人の事情はもちろん、それぞれの国の教育制度が異なることにより個別対応が必要となるでしょう。

　これからの大学は、留学生を含め、さまざまな背景をもった学生がともに学ぶキャンパスがあたりまえになってきます。障害のある学生に対する合理的配慮に代表されるように、教務はそれぞれの学生の状況に応じた柔軟な対応が求められるようになりました。そのため、個別対応しやすい教務のルールや仕組みを構築することが必要です。

(2) 個別対応の難しさを理解する

　教務は、卒業判定や履修登録のように正確性が求められる業務が多いため、できるだけ個別対応を避ける傾向にあります。あらかじめ定められたルールと異なる個別対応そのものが業務負担の増大につながることもあります。

　たとえば、期日までに履修登録ができなかった学生の登録を個別に認める場合、どのような理由であれば認めるか、誰の権限をもって認めるのか、などの判断基準を設けておく必要があります。さらに、ほかの学生との公平性の観点から、ほかの学生向けに追加申請のアナウンスをするかどうかといった対応を検討する場面も出てくるかもしれません。

　個別対応を1つ行うことで当該案件にとどまらないさまざまな視点での検討が必要となる場合もあるのです。国際化のためには個別対応が必要となる場面が確かにありますが、教務はそれが難しいことも理解しておくことが必要です。

(3) 教務の裁量の大きさを活かす

　一方で、教務は各大学の裁量が大きいことを認識しておくとよいでしょう（中井・宮林編 2023）。たとえば、履修登録の方法については法令などで細かく定められていないため、大学の裁量で一度登録した科目を授業期間中に削除するルールを設けることは可能でしょう。大学の裁量を活かす方法にはほかにも、留学先から帰国する時期が自大学の履修登録の時期に間に合わない場合は留学中の履修登録も認めることや、帰国するまでの間に欠席となる授業分は多様なメディアを活用して帰国後に学べるようにするなどがあります。その結果、留学の障壁の1つである4年間で卒業できなくなる課題を緩和することができます。このように教務には大学の裁量が大きいというメリットを活かすことで、学生の選択肢を増やして、大学教育の国際化に無理なく対応できるようになるのです。

教務にはさまざまな裁量がある一方で、それぞれのルールが大学の教育の質保証の観点から合理的であると自分たちで説明できることも求められます。そのため、これまであまり問題にならなかったルールをあえて変える場合、さまざまな抵抗が出やすいのも事実です。裁量の大きさを大学教育の国際化のために活用するためには、ルールの根拠を正しく理解することや他大学の事例を知ることが有効です。

2 単位を認定する

(1) 1単位あたりの学習時間を確認する

国際化のための教務の代表的なものとして海外の大学等で履修し修得した**単位***の認定があります。そもそも**単位制度***とは、20世紀の初め頃にアメリカで考案されたものです。学生の学習の量を時間で計るという発想に基づくこの制度は、当初中等教育学校に広く導入されました。これを高等教育にも導入したのが、世界の大学で広く採用されている単位制度のはじまりです（森 2020）。

1単位あたりの学習時間の考え方は国によってさまざまです。日本では**大学設置基準***の第21条で45時間程度の学習を1単位とすると定めています。この中には授業時間と授業外学習時間が含まれていて、授業時間は15時間から45時間の範囲で大学が定めることを可能としています。

アメリカの大学の場合、1学期あたりの授業の回数なども確認することが必要です。たとえば、週に1回、1時間の授業と2時間の授業外学習で1単位としている大学があるとします。すると、1単位あたりの学習時間は1学期が15週間の**セメスター制***と10週間の**クォーター制***では表3-1のように変わってしまいます。

このように1単位あたりの学習時間は国や大学によって異なるため、海外の大学の1単位をそのまま自大学の1単位として認定することはで

表 3-1　1単位あたりの学習時間や卒業に必要な単位数の例

1学期あたり	1単位あたりの学習時間	卒業に必要な単位
セメスター制 15 週間	（授業1時間＋授業外2時間）×15＝45 時間	120 単位 (45×120＝5,400 時間)
クォーター制 10 週間	（授業1時間＋授業外2時間）×10＝30 時間	180 単位 (30×180＝5,400 時間)

出所　筆者作成

きません。それぞれの大学の1単位あたりの学習時間を理解するためには、学習時間の考え方、1学期あたりの授業の回数、卒業に必要な単位数などを総合的に理解することが必要です。

(2) 海外の大学の単位数を換算する

海外の大学等で履修し修得した単位の認定は大学設置基準第 28 条第2項を根拠として認められています。実際の業務では、相手の国や大学の単位制度を確認し、単位を学習時間数に置き換えて比較することが一般的です。これは煩雑なため、大学教育の国際化の取り組みの1つとして、単位数の換算方法の標準化が行われています。

ヨーロッパでは**エラスムス計画**＊の一環として導入された欧州単位互換制度（ECTS）により 25〜30 時間の学習量を 1 ECTS として単位そのものを共通化しています。アジアでは、地域内の高等教育機関間の学生・教職員の交流促進を目的として**アジア太平洋大学交流機構**＊が設立され（UMAP：University Mobility in Asia and the Pacific）、UMAP 単位互換方式（UCTS：UMAP Credit Transfer Scheme）を導入しています。

表 3-2　UCTS や ECTS と日本の大学設置基準が定める学習時間の比較

	単位	学習時間	学習時間のうち授業時間数
UCTS	1 UCTS	38〜48 時間	13〜16 時間
ECTS	1.5ECTS	37.5〜45 時間	定めなし
日本の大学設置基準	1 単位	45 時間	15 時間〜45 時間

出所　国立大学協会（2023）より筆者作成

(3) 単位認定の実務を確認する

　海外の大学などで履修し修得した単位を認定する際は、どのぐらい内容が一致すれば認定してよいか、単位数をどのように換算するかの2点を主に確認しなければなりません。

　内容の一致については、2019年に文部科学省から「単位互換制度の運用に係る基本的な考え方について」が示されており、これにしたがって各大学の裁量で**単位認定***を行います。どの学年の授業であるかを判断するためには、**シラバス***の確認に加え、**科目ナンバリング***を活用することや学生にヒアリングをするといった方法もあります。

　単位数の換算にあたっては、そもそも1単位あたりの学習時間数とは何を表現しているものかを確認する必要があります。たとえば、自大学の**学則***で「講義・演習は15時間の授業時間をもって1単位」と定めた場合、1単位の授業科目は、授業時間が15時間程度で授業外学習時間が30時間程度必要となるということを意味します。一方、海外の大学の単位数を確認する際には、まず1単位あたりの学習時間は何時間程度か、次に、授業科目の単位数が授業時間だけを基準に設定されたものなのか、授業時間と授業外学習時間の区別がなく全体の学習時間として設定されたものかを確認します。

　一般的な単位の換算方法は、時間割などの客観的な資料で確認できる実際の授業時間数だけを単純に比較します。たとえば、90分授業を15

表3-3　単位互換における内容の一致

必修科目	海外の大学の授業科目と自大学の授業科目の間に、内容・水準等について1対1の対応関係にある場合に限り認定できる
必修科目以外で卒業要件として必要とされる科目（選択科目など）	自大学の選択科目の特定の科目群の範囲内とみなせる程度の同等性がある場合には、内容・水準等について1対1の対応関係がなくても認定できる
卒業要件に必要ではない授業科目	自大学との授業科目と内容・水準等ついて1対1の対応関係がなくても認定できる

出所　文部科学省（2019）より筆者作成

回実施したとしましょう。実際の授業時間は90分×15回で1,350分となり、これと海外の大学の授業時間数を比較して、自大学で認定する単位数を計算します。なお、日本の大学の多くは90分の授業時間を2時間に繰り上げて各授業科目の単位数を設定しています。たとえば、90分授業を15回実施した場合、実際の授業時間は1,350分ですが、単位数を設定する時は2時間×15回の1,800分を授業時間数として扱っています。単位数から授業時間数が導かれたとしても、それが実際の授業時間数と異なる場合があることに注意しましょう。

(4) 成績評価の方法を決めておく

　単位認定では成績評価をどのように扱うかについても決めておく必要があります。単位制度と同様に成績評価も国や大学によって異なるため、お互いの制度を比較して大学の裁量で決定することになります。評語を用いた段階的な評価ではなく、単に認定したとだけにする場合もあります。

　日本の大学の多くはアメリカの**GPA**＊の制度をモデルにして用いているため、日本とアメリカは比較しやすいといえるかもしれませんが、GPAの計算の方法はそもそも大学によって異なることに注意しましょう。

3　学年暦を工夫する

(1)　始期と終期は大学で定めることができる

　日本の大学の学年暦は4月始まりが主流ですが、多くの海外の大学では、学年の始期を9月、終期を6月頃としています。そのため、留学生や海外留学を希望する国内学生にとって、スケジュールの接続が円滑ではなく、日本における大学教育の国際化の障壁の1つになっているといわれています。

　現在の制度でも、それぞれの大学の工夫でこれらの障壁を緩和することが可能です。たとえば、学期の区分は、学校教育法施行規則の第4条第1項第1号で学則に定める事項とされており、学期の始期と終期をいつにするかは大学の裁量で決めることができます。日本の多くの大学が4月入学を基本としているのは、あくまで高校との接続を考えてのことです。大学は学年の途中でも、学期の区分にしたがって入学、卒業の時期を定めることができます。たとえば、後期を10月から3月と学則で定めていれば、10月入学も大学の判断で可能です。

(2)　秋入学を広げるためには課題がある

　日本の大学において春入学から**秋入学***への変更が進まない理由の1つとして、高校卒業後から大学入学までの期間の受け皿が不足していることがあげられます。この期間を**ギャップターム***とよび、その期間を利用して留学やボランティアなどさまざまな体験をすることがあります。これはイギリスで生まれ、1960年代にオックスブリッジ（イギリスのオックスフォード大学やとケンブリッジ大学）で広まり慣習化してきました。

　日本では教育再生実行会議で、国際化に向けた学年暦の柔軟化と合わせてギャップタームを活用した留学や海外体験活動への支援を抜本的に

強化する方針が示されました（教育再生実行会議 2013）。その後、いくつかの大学ではギャップタームの取り組みが行われています。しかし、ギャップタームは学生の学びによい影響があると期待できる一方、ただの空白期間になる恐れもあるため、大学をはじめ何らかの機関によるサポートが求められるでしょう。

(3) 授業期間を工夫する

　授業期間は、大学設置基準第 23 条で、8 週、10 週、15 週、またはその他の大学が定める適切な期間を単位として行うことができるとしています。たとえば、1 年間を 4 学期に分け、1 つの学期を 8 週間とするクォーター制を導入することも大学の判断で可能です。

　クォーター制を留学しやすい環境づくりを目的に導入することがあります。第 2 学期を 6 月から 8 月に開催される海外のサマースクールにあてるなどが考えられるでしょう。なお、必修科目をすべての学期に配当してしまうと、クォーター制による留学促進の効果は期待できません。クォーターで開講する授業科目とセメスターで開講する授業科目が混在している場合も学生が 1 つの学期を留学にあてることの障壁になります。教育効果を高めることを目的として授業期間を工夫するのであれば、それぞれの学期にどのような授業科目を開講するか、といった細やかな調整も必要です。

(4) 卒業時期を工夫する

　2022 年の大学設置基準等改正以前の**卒業要件**＊は、大学に 4 年以上在学し 124 単位以上を修得することが定められていました。48 カ月の在学を厳密に求める趣旨ではもともとありませんでしたが、たとえば 9 月末日まで在学を求めるとすると、海外の大学院へ進学する場合にそれが障壁となっていました。

　現在では厳密に 48 カ月の在学を求めるものではないという趣旨が明確化されています。10 月に入学した学生が、学期の区分にしたがって

7月に卒業し、同じ年の9月から海外の大学院へ進学することが解釈上の疑義を生じることなく可能になりました。なお、大学の**修業年限***は4年であることに変わりはありませんので、3年で必要単位数を修得した学生に直ちに卒業を認めることは**早期卒業制度***に基づかない限り認められません。

4　学びの成果を証明する

(1)　学位を証明する

　大学が学びの成果を証明するもののうち、社会で広く活用されているものとして学位記や卒業・修了証明書があります。たとえば、**学士***の学位があることを資格取得や就職の前提条件としている事例も多くみられます。一方で、それぞれの大学が授与する学位の価値や質を社会が一律に認めているかというと、そうとは言い切れません。受験偏差値や**大学ランキング***のイメージがそのまま学位の価値や質だと考えている人もいるでしょう。

(2)　学位には国際通用性が求められている

　海外での進学や就職等の審査の手続きにおいて、自国の学位が海外においても相応のものとしてその価値や質が認められ、学生や労働者の国際的な移動や海外での十全な活動の実現に結びついている状態のことを、学位の国際通用性があるといいます（大学改革支援・学位授与機構 2024）。

　日本の学位は、1991年の学位規則の改正以前まで、学位の種類が**博士***であれば文学博士など19種類と国で決められていました。現在は学位に付記する専門分野を大学の裁量で決めることができます。その結果、1大学でしか使われていないような専門分野での学位が大量に発生してしまいました。このように過度に細分化された状態は、真に学問の進展に即したものなのか、学生の学習成果を表現するものとして適切な

表 3-4 ディプロマ・サプリメントの項目例

学位取得者	氏名、生年月日など
学位	学位の名称、専門分野、学位授与機関、使用言語など
学位の水準	教育制度、学習期間、入学要件など
学習内容と成果	学習形態（フルタイムか）、学習成果、単位数、成績評価など

出所　深掘（2019）より筆者作成

のか、能力の証明としての学位の国際的通用性を阻害するおそれはないのか懸念をもたざるを得ない状況であると指摘されています（中央教育審議会 2008）。大学に裁量がある一方で、その学位の国際通用性を高めるための配慮も大学には求められているのです。

　学位の国際通用性を高める取り組みの1つとして、学生の学びの成果を**ディプロマ・サプリメント**＊という証明書として発行する大学があります。様式例は欧州委員会、欧州評議会およびユネスコなどが開発したものがあり各大学はこの例に独自の項目を追加するなどの工夫をしています。

　どのような学びをして何が身についたのか、大学はどのような制度に基づいて学位を授与したかなどを海外の大学や企業などにわかりやすく説明できるようになることで、国際通用性が高まっていくことが期待されています。

(3) 海外で使える成績証明書を発行する

　海外の大学へ進学する時や海外の企業に就職する時に、成績証明書を求められることがあります。しかし、成績証明書に記載される情報次第では、海外の相手先に認められない事例も存在します。たとえば、海外の大学へ正規の学生として入学する予定の学生が、進学先の求めに応じて成績証明書を提出したところ、情報の不足を理由に単位が認定されないといった事態です。

　一般的に成績証明書には、授業科目名、単位数、成績や GPA を記載します。海外の大学で単位認定をしてもらうためには、それらの情報を

外国語で記載していることはもちろんのこと、1単位当たりの学習時間の定義やGPAの計算式、その授業がカリキュラムの中で初級、中級といったどの段階の学びなのか、クラスの中の順位を必要とする場合まであります。

　証明書の提出は、紙形式ではなく電子化されたデータ形式で求められることもあります。学生の国際流動性が高まるにつれ、それまでの大学での学びの成果を証明する機会は増えています。そのためにも、複製不可能なデータとしてウェブサイト上でやりとり可能な**デジタル証明書***を導入するとよいでしょう。

(4)　マイクロクレデンシャルを活用する

　時代の要請に応じて学びをアップデートする必要性がある中、学位の取得を目的としたカリキュラムよりも学習のテーマをより細かく区切ったカリキュラムの提供が求められるようになりました。学習成果を大学独自の証明書で可視化する方法に、**マイクロクレデンシャル***があります。

　マイクロクレデンシャルは短期間に修了できるカリキュラムのため、人材需要の変化に応じてカリキュラムを柔軟に設計することが大学にとっては可能となり、学生にとっても、自分自身の**キャリア***の変化に応じて最新の知識・スキルを大学で気軽に修得できます。マイクロクレデンシャルを正規の単位として認定し、学位取得への橋渡しにしている大学もあります。

　オンラインを活用しているプログラムであれば、当然、世界中の人がこの学びの環境を活用することができるでしょう。バーチャルに国境を自由に越えながら学習・訓練を重ねていく個人に対して、大学は国際市場においてどのように教育・訓練を提供し、その質を保証し、価値を高めていくのかという、新たな次元での教育の国際通用性への競争にさらされているという考え方もあります（経済協力開発機構・加藤編 2022）。

　国際化のための教務とは、留学先で修得した単位の認定や英語で証明

書を発行することだけではありません。世界の動向を定期的にキャッチアップし、国籍や世代を越えて多様な人が学ぶために必要な環境を構築し続けていく姿勢が求められます。

第4章 カリキュラムや授業の支援

1 国際化に向けたカリキュラムや授業とは

(1) 法令などのルールを踏まえる

　各大学が大学教育の国際化を具体的に進めるうえで、もっとも基本になるのは**カリキュラム***や授業です。国際化に向けたカリキュラムや授業を実施するためには、まず関連する法令や学内ルールを正しく理解し、踏まえることが大切です。各大学にはカリキュラムを扱う学内委員会があり、それぞれの授業科目の**単位***を卒業に必要なものに含めるか、といった検討を行います。

　検討においてまず前提となるのが法令への適合です。大学のカリキュラムは、**大学設置基準***の第19条において、**ディプロマ・ポリシー***と**カリキュラム・ポリシー***に基づいて、必要な授業科目を自ら開設し、体系的にカリキュラムを編成するものとされています。また、同条第2項では、学部等の専攻に係る専門の学芸を教授するとともに、幅広く深い教養及び総合的な判断力を培い、豊かな人間性を涵養するよう適切に配慮しなければならないと定められています。また、大学設置基準第20条において、それぞれの授業科目を必修科目、選択科目及び自由科目に分け、これを各年次に配当して編成するとしています。

　大学教育の国際化のために新しいカリキュラムや授業を検討する場合は、学内のルールに従う必要があります。カリキュラムや授業は卒業判定などに影響があるため、毎年頻繁に変更することはしません。そのた

め、学部学科等の改組などのタイミングに合わせて、国際化に資するカリキュラムや授業を導入することもあります。

(2) 国際通用性が期待される

新しいカリキュラムや授業を検討する際、法令や学内ルールを踏まえることはもちろんのこと、その内容が国際的に通用するかという視点も大切です。たとえば、留学を希望する者が留学先を探す際、その国でしか通用しない知識や理解が中心の授業ばかりで構成されているカリキュラムを提供している大学よりも、国際的に通用するカリキュラムを提供している大学の方を選ぶ場合が多いでしょう。

そもそも大学教育は国の制度・言語・文化などの枠組みの中で制度設計されるため、それぞれの国で異なります。そのため、世界中に数多ある大学教育について、それがどのような質のものか、どの程度の水準に相当するものかを個別に判断することは容易ではありません。そのため、いくつかの学問分野では、その大学における教育の質や水準が国際的通用性をもつのかどうかを評価する仕組みが存在します。たとえば、ビジネス教育の分野では国際認証の取得があります。また、工学・農学・理学系の分野では、一般社団法人日本技術者教育認定機構（JABEE）によって国際協定に準拠した審査・認定と質保証がなされています。

カリキュラムの国際認証取得を通じて学位の国際通用性を確保するア

表 4-1　ビジネス教育分野の国際認証

AACSB（The Association to Advance Collegiate Schools of Business）	1916 年にアメリカで創立され、全世界のビジネススクール約 16,000 校のおよそ 5.7％にあたる約 949 校が認証を取得
AMBA（The Association of MBAs）	1967 年にイギリスのロンドンで創立され、世界 75 カ国にわたる 260 校の大学院が認証を取得
EQUIS（The European Quality Improvement System）	1972 年にベルギーのブリュッセルで設立されたマネジメント教育に関する国際的な教育品質評価機関である EFMD（The European Foundation for Management Development）による国際認証で、ヨーロッパを中心に 209 校が認証を取得

出所　筆者作成

プローチは、学生の進路が比較的明確かつ国内外および、同業者ネットワークの構築が重要な意味をもつ学問分野において特に有用だといえます（深堀 2017a）。自分が学んだカリキュラムに国際通用性が確保されていれば、海外への進学や仕事で有利になる場面もあるでしょう。大学にとっても、国際認証を維持する過程で定期的な審査をクリアする必要があるため、結果的に教育の質を向上させる仕組みにもなります。

(3) ジョイントディグリーなどの制度を活用する

海外の大学と連携してカリキュラムを設計する方法もあります。2014年に国際連携教育課程制度が創設され、**ジョイントディグリー***や**ダブルディグリー***など、外国大学との共同学位プログラムの開設や共同での学位授与などが可能となりました。プログラムを設置する際に大学が検討すべき事項は、文部科学省のガイドラインに示されています（文部科学省 2023）。

これらの制度を活用することで、1つの大学だけでは提供できない、より魅力的な教育プログラムを行うことが可能となります。複数の国の高等教育機関などが共同で提供した教育プログラムで学習したことは学生にとって貴重な経験になるでしょう。自身の**キャリア***も国際的に評価されやすくなります。また、大学にとっても、海外の大学と連携した教育内容の充実による国際競争力や魅力の向上といったメリットがあるでしょう。

表 4-2　ジョイントディグリーとダブルディグリー

ジョイントディグリー	連携する大学間で開設された単一の共同の教育プログラムを学生が修了した際に、連携大学が共同で単一の学位を授与するもの。
ダブルディグリー	複数の連携する大学間において、各大学が開設した同じ学位レベルの教育プログラムを学生が修了し、各大学の卒業要件を満たした際に、各大学がそれぞれ学位を授与するもの。

出所　文部科学省（2014）より筆者作成

2　授業を取り巻くルールを理解する

(1)　自ら開設の原則を理解する

　大学設置基準第 19 条で授業科目を自ら開設することが大学には求められています。たとえば、カリキュラム・ポリシーに英語以外の外国語も学ぶよう定めていたにもかかわらず、英語以外の語学は海外の大学を含む他大学の授業科目でしか学べないという状況は認められません。あくまで自大学の授業科目だけで学び卒業することができる状況であることが必要です。

　もし海外留学を全員必修として、その学習成果を**卒業要件***の単位として位置づけたい場合は、自大学の授業科目として、たとえば「海外語学研修Ⅰ」のような名称の授業科目を開講するという方法が考えられるでしょう。

(2)　多様なメディアを活用する

　大学の授業の方法は大学設置基準第 25 条第 1 項に定められています。第 2 項で多様なメディアを活用することを認めています。なお、第 2 項を根拠とした授業科目は、学部の場合では 60 単位分まで卒業要件に含めることができます。

　　（授業の方法）
　　第 25 条　授業は、講義、演習、実験、実習若しくは実技のいずれ
　　　かにより又はこれらの併用により行うものとする。
　　2　大学は、文部科学大臣が別に定めるところにより、前項の授業
　　　を、多様なメディアを高度に利用して、当該授業を行う教室等以
　　　外の場所で履修させることができる。

表 4-3　多様なメディアを活用した授業

オンライン授業 （同時双方向型） オンライン会議システムを活用する方法など	・「同時」かつ「双方向」であること。 ・授業中、教員と学生が、互いに映像・音声等によるやりとりを行うこと。 ・学生の教員に対する質問の機会を確保すること。
オンデマンド授業 動画教材をインターネット上に配信し、学生が好きな時間に学習する方法など	・「同時」又は「双方向」である必要はない。 ・毎回の授業の実施に当たって、指導補助者が教室等以外の場所において学生等に対面することにより、又は当該授業を行う教員若しくは指導補助者が当該授業の終了後すみやかにインターネットその他の適切な方法を利用することにより、設問解答、添削指導、質疑応答等による十分な指導を併せ行うこと。 ・当該授業に関する学生の意見交換の機会（インターネットの活用可）を確保すること。

出所　文部科学省（2018）より筆者作成

　この多様なメディアを活用した授業の方法は、2001年に文部科学省から「平成13年文部科学省告示第51号（大学設置基準第25条第2項の規定に基づく大学が履修させることができる授業等）」として具体的な方法が示されています。

　たとえば1つの授業に着目してみましょう。授業回数の半分未満が多様なメディアを活用した授業であれば、大学設置基準第25条第1項の対面授業として認められます（令和3年4月2日付け文部科学省高等教育局長通知）。そのため留学先から帰国するまでの数回の授業に対しては、オンラインやオンデマンドでの受講を認めることで、学期途中の帰国による留年という課題を緩和することができます。2022年に文部科学省から示された「令和4年度大学設置基準等の改正について―学修者本位の大学教育の実現に向けて」では、大学の判断・運用で可能な教育活動の展開として、多様なメディアを活用した自大学の授業を留学中に履修できる方法も紹介されています（文部科学省 2022b）。

　ただし、学生の学習時間には限界があることも忘れてはいけません。留学先での学習に自大学の授業科目の学習も加えると、たとえば1日12時間以上学習しないといけないといった事態とならないような配慮も求められます。

表 4-4　大学設置基準の特例制度の活用例

第 32 条第 5 項（多様なメディアを活用した授業の 60 単位上限）を特例により適用除外	2 年以上の長期海外留学プログラムを導入し、現地での社会体験活動やフィールドワークなどを行いながら、自大学の授業科目もオンラインで履修させることが可能。
第 19 条第 1 項（授業科目の自ら開設の原則）を特例により適用除外	そもそも大学は卒業に必要な授業科目はすべて自ら開設することが必要であり、他大学との単位互換を前提とした教育プログラムを設計することはできない。 この特例により、自大学では開講することの難しい分野は単位互換による授業科目で学習させることを前提とした教育プログラムの導入が可能。

出所　文部科学省（2022b）より筆者作成

(3) 大学設置基準の特例制度を活用する

　大学設置基準の第 57 条では、内部質保証などの体制が十分に機能しているなどの要件を満たしている大学は、文部科学大臣の認定を受けることで、教育課程等に係る特例制度を活用することができるとしています。この特例制度は、大学設置基準の一部の事項について、条文に定められている事項によらず、大学がより自由な教育プログラムを提供することを可能としています。たとえば、通学制の大学でありながら、4年間一度もキャンパスに通うことなく卒業することができるような学部や学科を設置することも可能です。自ら開設の原則を適用せず、海外の大学を含む他大学の授業科目を卒業要件に組み入れることも認められます。

　この特例制度を活用すれば、時間や場所の障壁への対応はますます容易になるでしょう。大学教育の国際化に必要な環境は、それぞれの大学の創意工夫によって実現できるのです。

(4) オンライン講座の動向を注視する

　MOOCs＊とよばれるような、いつでも、どこでも、誰もがインターネットを通じて自分のペースで利用できる大規模なオンライン講座のプラットフォームが開発されています。入学者選抜を経た学生が大学に集まって学ぶといった、従来のあり方だけでない多様な学びが世界中に普

及しているのです。これらのプラットフォームは無料もしくは手頃な価格で利用できます。海外の大学では学位や単位の授与があるほか、世界的に有名な企業が提供する講座もあり、当該企業が発行する**デジタル証明書***を取得することも可能です。

　双方向性を確保した講座も多くあります。たとえば、受講者どうしで協働し講座担当者からフィードバックを受けることができるほか、受講者どうしでレポートを批評し合うことを修了要件としている場合もあります。オンライン講座では、学習者の現在の職業や目指すキャリア、学習履歴などを踏まえ、個々の学習者に最適な学習を提案する仕組みが構築されていることも大きな特徴です。オンライン講座の発展やそれに伴う学習成果の評価や可視化、教育の質の保証のあり方などは常に動向を注視する必要があります。

3　留学生のためのカリキュラムを提供する

(1)　学位取得の課程に受け入れる

　留学生が日本の大学の学位取得を目指す場合は、入学した大学における通常のカリキュラムで学びます。日本の大学の多くが日本語で授業を開講しているため、大学教育を学ぶための日本語の語学力を有していない留学生にとってはハードルがとても高いのが現実です。かつて留学生は、「外国人留学生等に対する日本語科目及び日本事情に関する授業科目」として日本語科目の履修が必要でした。この制度そのものは現在廃止されているものの、多くの大学ではこれを根拠として日本語科目を留学生向けに開講しています。最近では、英語で開講する授業科目を履修するだけで学位取得に必要な単位を修得することが可能なカリキュラムも増加しつつありますが、日本語に比べると選択できる授業科目が少ないことや、取得できる学位がそもそも限定されているという課題もあります。

(2) 大学院に受け入れる

　大学が留学生数の増加を検討する場合、開講する授業科目数や教員1人あたりの学生数が学部よりも少ない大学院のほうが受け入れ環境を整備しやすいかもしれません。大学院では研究分野にフォーカスした授業がカリキュラムの主要な要素となるため、指導教員が留学生の主に使う言語で指導できる語学力を有していれば、学部と比較して組織的に対応すべき事項が少ないともいえるでしょう。

　一方で、大学院は学部と異なり生活のほとんどが研究室やゼミに限られる傾向があるため、人間関係の問題で学習が継続できなくなることがあります。留学の意義の1つである日本文化や日本語を学ぶ機会が失われるといった課題もあります。留学前に指導教員や研究室のメンバーとオンラインの活用などによりコミュニケーションを取る機会や、大学院のカリキュラムに他分野の教員や学生と接点をもてるような授業科目を配置するなどの工夫が必要です。

(3) 留学前の学習に対して単位を認定する

　留学生であっても、日本人の学生と同じく大学設置基準第30条などを根拠として、入学前に修得した単位を卒業要件として認定することができます。日本の他大学の**単位認定**＊と比べ、海外の大学の場合、自大学のカリキュラム上のどのレベルの授業科目であるかを判別することが難しいため、単位認定に**科目ナンバリング**＊を活用することも有効な方法です。

(4) 短期研修プログラムを提供する

　学位取得を目指さず、在留資格「留学」を必要としない3カ月未満のサマープログラムやウィンタープログラムといった短期研修プログラムを提供する方法も考えられます。短期であれば、英語のみで開講する授業科目を用意することが通常のカリキュラムよりも容易であり、長期休

表 4-5　学位取得を目的としないプログラムの例

短期研修プログラム（サマープログラムなど）	・夏季休業中に留学生専用の英語で学べる授業を開講する。日本語だけでなく、留学生のニーズの高いビジネスや日本文化などをテーマとした授業を合わせて開講する方法などがある。 ・プログラムを修了した証明書を大学として発行する場合もある（法令上の根拠はない）。 ・法令の条件を満たした授業であれば、単位授与や学校教育法に基づく履修証明プログラムとして学長名で証明書を発行することも可能。
半期から1年のプログラム（交換留学など）	・正課学生向けに開講している授業科目のうち英語などで学べる授業科目を国内学生とともに履修する場合や、これに加えて、留学生専用クラスとして日本語や日本文化を開講する場合もある。 ・学位を授与することができないが、単位を授与することは可能。

出所　筆者作成

業期間中に開講することで、既存のカリキュラムへの影響を最小限に抑えることができます。必ずしも正規の授業科目である必要はないため、**コンソーシアム**＊や他大学との連携でプログラムを提供している事例もあります。

多くの大学では、これらのプログラムを修了した留学生に大学独自の証明書を発行します。留学生が所属する大学の単位として認定されるかどうかは、留学生の所属大学によります。

4　ともに学ぶ環境を提供する

(1)　英語でともに学ぶ

日本の大学の多くは、留学生向けに専用のカリキュラムとクラスを用意していますが、これでは同じキャンパスに留学生がいることによって得られる教育上の効果を十分に発揮できているとはいえません。そこで英語だけで修了できるカリキュラムを用意し、日本人の学生と留学生がともに学ぶ環境を用意する大学が増えています。語学としての英語を教えるのではなく、英語を使って実施する授業を **EMI 科目**＊とよぶ場合があります。留学生と英語でともに学ぶ教室は、日本人の学生にとって

は日本にいながらにして留学先に近い環境といえるでしょう。

(2) 英語で学ぶ授業の課題を理解する

　英語で学ぶ授業は、2014 年のスーパーグローバル大学創成支援事業をはじめとした、さまざまな補助事業によって導入が進んでいます。2019 年の調査では 45 大学 96 学部、大学院は 114 大学 290 研究科で英語による授業のみでの卒業、修了ができることが示されています（文部科学省高等教育局大学振興課大学改革推進室 2022）。

　導入が進む一方で、英語で学ぶ授業をすべての大学で実施するためには課題もあります。たとえば、資格取得を目的としたカリキュラムでは、カリキュラムの自由度が低いため、一部の選択科目に限られる傾向にあります。大学の規模や学問分野によっては、英語で授業ができる教員が限られているでしょう。教員の中には、英語による授業に不安や悩みを抱える教員もいるため、英語で授業を行うための **FD**[*]の実施も大切です（中井 2011）。

　学生へのサポートも欠かせません。英語による授業で教員の説明がわからない、発言したいがスピーキングに自信がない、レポートを書いたが本当にこれでよいかわからない、といった学生の不安やニーズをサポートする体制の構築も不可欠です。

(3) 世界中の学生と同じプロジェクトで学ぶ

　オンラインで学ぶ環境を活用すれば、世界中の学生を自大学に受け入れることなく、ともに学ぶことが可能です。海外の大学とオンラインで接続し、バーチャルな空間で双方の学生が協同して学ぶ **COIL*** を導入する大学が増えています。多様な文化背景をもつ学生どうしがプロジェクトをともに遂行し、多様な意見を交換・交渉しながら、生産的な結果を出していくといった異文化コミュニケーションの体験が海外留学の促進につながることが COIL の効果として指摘されています（池田 2019）。

　COIL は 2006 年にニューヨーク州立大学が始めたものであり、当時は e メールとビデオテープの交換で、学生どうしが協働して 1 つのレポートをまとめていました。現在は、ウェブ会議システムを利用することが一般的ですが、時差を克服するために SNS も活用しています。COIL は「お互いを知り合うためのタスク」「お互いの国や文化を知るタスク」「協働して何かを作り出すタスク」の 3 段階に分けて実施するなどの方法があります。決められた授業時間以外での学習が大きな比重を占めることや、ICT ツールを活用する必要があるなど授業担当教員の負担が大きいため、それをサポートする人員の配置の検討も必要でしょう。オンラインを活用することで、教育方法や環境の国際化が少ない経済負担で実践可能となったのです。

(4) 自大学の学習環境を国際化する

　国際化といえば、留学や海外の大学と連携して教育研究活動を展開するなどがあげられますが、それだけではありません。日本ではすでに多くの外国人が生活し、キャンパスで外国人教員や留学生を見かけることがあたりまえになりつつあります。外国人を受け入れるためには環境の整備が必要であり、対応すべき事項は受け入れの人数や国・地域の数によってさまざまです。それは外形的な環境の整備だけではなく、相手への理解や配慮といった目に見えないことも必要です。大学教育の国際化

においては、人の物理的な移動や交流とキャンパスの中の学習環境の国際化のいずれも必要とされています。

第5章　海外留学プログラム

1　海外留学プログラムの方針を明確にする

(1)　海外留学の目的を明確にする

　自大学の学生が安心して海外で効果的に学ぶためには、体系的な海外留学プログラムを編成しなければなりません。一般的に学生が海外で学習する形態は、海外の大学への留学や、海外に滞在しての語学研修や**インターンシップ***などへの参加などがあります。各大学でさまざまな海外留学プログラムが組まれていますが、まずは海外留学の目的を明確にすることが求められるでしょう。

　学生が海外で学ぶ目的や教育上の効果についてはこれまでも幅広く論じられてきました。たとえば、「異文化理解の促進」、「アイデンティティの確立」、「国際的素養の涵養」、「グローバル・リーダー人材を育成」、「グローバルに活躍する日本人研究者を育成」といった目的が示されることもありました（文部科学省 2022a）。大学が学生を海外へ留学させる場合は、まず目的を明確にし、その目的を達成するための海外留学プログラムの内容を考えるべきでしょう。

(2)　プログラムの対象学生を定める

　海外留学プログラムの対象学生を定めることは大学の方針として重要です。すべての学生に海外留学を義務づける大学や学部もあります。留学を体験することで、すべての学生が幅広い能力を身につけることが期

待できるでしょう。対外的には、教育の特色のアピールにもつながるはずです。

　大学の**カリキュラム***は全員の海外留学を前提に設計することができます。たとえば、1・2年生に幅広い学びをしてから専門分野を決める場合、1年生の後期に留学を設定し、語学や興味のある授業科目などを学ぶとともにさまざまな刺激を受け、帰国後の2年生に専攻分野を決めて大学での学びを本格的に始めるというカリキュラムが考えられます。1・2年生のうちに英語力が向上すれば、帰国してからの学びの幅が広がるでしょう。何を学びたいのかに迷っている学生は、海外での体験が専門分野を決めるきっかけになることも期待できます。

　全員に留学を義務づける場合は、課題もあります。限られた期間で全員が留学に必要な最低限の外国語の能力を身につけなければなりません。基準の語学力に達していない学生は海外留学プログラムに参加できない可能性があり、そうなると留年もしくは留学に代わる措置をあらかじめ用意しておく必要があります。また、入学して早期の留学ではどうしても語学習得に重きがおかれ、現地の学生と共に正規のプログラムを学ぶ経験が得られない場合もあります。

　そのため、海外留学を一部の学生のみを対象とする大学も多いでしょう。留学希望者の中から語学力や成績の基準をクリアした学生だけを対象としたプログラムはよくみられます。語学力や成績が十分にある学生であれば、現地の学生と共に正規のカリキュラムで学び**単位***を修得することが可能です。自大学で専門分野をある程度学習した後であれば、海外の大学でその専門分野をさらに深められるはずです。現地の言語で受講し、単位を修得する経験は学生にとって大きな実績と自信になります。正規のカリキュラムで学び、良好な成績を残すことができれば、海外の大学院を将来の進学先に選ぶことも可能になるでしょう。

(3)　参加しやすいプログラムを準備する

　学生が参加しやすいプログラムを準備することも重要です。学生が参

加しやすいように、夏休みなどの長期休暇のうち数週間を海外の大学もしくは語学研修校で学ぶプログラムがあります。語学を学ぶプログラムもあれば、現地の学生向けのサマーコースで専門科目を学ぶこともできます。

　語学力向上のための短期留学では、学生が自分の語学力に合ったクラスに参加できるよう、多様なレベルに対応できる機関を選択するとよいでしょう。また、日本人の学生が少なく世界各国からの参加があるか確認しましょう。語学力や海外の渡航経験が乏しい学生が現地で安心して生活できるよう、学生寮の滞在やホームステイができること、授業以外での文化体験プログラム、留学生どうしもしくは現地の人たちとの交流の機会が設けられていることも学生の成長を促すポイントです。

(4) 多彩な体験を取り入れる

　大学が提供する海外留学プログラムの中には、**サービスラーニング***、**フィールドワーク***、インターンシップといった大学以外での学びもあります。最近では、リーダーシッププログラムと称して数日間海外に滞在し、現地の学生とともにディスカッションやグループワークを行う事例も確認できます。

　ほかにも、自大学の正課の授業科目の一部として海外でのフィールドワークや**スタディツアー***を実施することもあります。現地に滞在する日数は短くても、現地で調査を行うなど**アクティブラーニング***を組み込んだ手法により、濃密な体験学習を行うことができます（子島・藤原2017）。

　これらのフィールドでの体験が重視されるプログラムは、ある程度語学力を身につけていることが前提です。語学力に自信がない学生には少しハードルが高いかもしれませんが、交流や異文化体験にとどまらず、将来の**キャリア***につながる経験となるでしょう。

2　海外留学プログラムを計画する

(1)　留学先を定める

　大学が学生を海外に送り出すには、受け入れ先をあらかじめ確保しておかなければなりません。受け入れ先が海外の大学の場合、まず協定を締結したのち、協定をもとに双方の学生を交換する方法と、自大学の学生を相手大学へ一方向に留学させる方法があります。前者を交換留学、後者を派遣留学などとよびます。

　留学先の大学はどのような観点で選べばよいのでしょうか。治安が良く生活しやすいこと、学習に集中できる環境であることは特に重要です。大学の教育水準、学べる分野、キャンパスの規模を考慮するのはもちろんのこと、留学先で日本人が多くては留学の効果が低下するため、日本人の学生がどのくらい在籍しているのかといった視点も大切です。

　学生の選択肢を増やすためには、英語圏の大学だけでなく、アジアの国々、中欧を含めたヨーロッパの国々、南米の国々の大学なども候補に入れましょう。大規模な総合大学、小規模の大学、自然豊かな環境にある大学、都市部にある大学といった選択肢を増やすことは、さまざまな学生のニーズに応えることになり、結果として海外留学する学生を増やすことにつながります。

(2)　英語スコアの条件を確認する

　海外留学で求められる英語スコアとして代表的なものは、IELTSアカデミック・モジュール（以下、IELTS）とTOEFLです。留学先の大学によってどちらでもよい場合、IELTSしか受けつけない場合、TOEFLしか受けつけない場合があります。

　IELTSとTOEFLは試験の形式や傾向が若干異なります。IELTSの試験結果はスピーキング、リーディング、ライティング、リスニングの

4つの分野のスコアと、総合スコアで表されます。現地の学生と同じカリキュラムで学ぶ留学では、最低でも総合スコア5.5は求められます。ただし5.5というのはあくまで最低ラインであり、総合スコア5.5〜7.0の幅で、海外の大学との協定に基づき必要なスコアが決まるのが一般的です。

協定校によっては、総合スコアだけでなく各分野の最低基準スコアを設けていることもあります。たとえば総合スコアが6.0だとしても、4つの分野のうち1つでも基準スコア（たとえば5.5）を下回ると出願が認められない大学もあります。スピーキング、リーディング、ライティング、リスニングをオールラウンドにできるのが理想ですが、極端に苦手な分野が出ないよう鍛える必要があります。TOEFLも同様のことがいえます。

学内選考では、応募の段階で最低スコアを求め学内選考を通過したのち、希望する大学に出願する段階になると、協定校によってさらに高いスコアが必要となる場合もあります。学内選考は合格したものの、希望する大学が求めるスコアに達しない場合は、ひとまず条件つきの合格という扱いにして、希望する大学の出願期限までに必要スコアを満たすよう求めるとよいでしょう。また渡航して新学期が開始する前に、大学付属の語学学校で学ぶことを条件に合格が出される場合もあります。

表5-1 英語力を測定するテスト

	テストの概要	テストの実施方法
IELTS	イギリス発祥。アメリカ、オーストラリア、ニュージーランド、カナダ、およびイギリスを含む英語圏の国に留学、就労、移住を希望する人々の英語力を測定する。留学に必要なテストはアカデミック・モジュール。	4つの英語技能を約2時間45分で測る。ライティング、リーディング、リスニングはコンピューターまたはペーパーで受験、スピーキングは面接者と1対1で実施される。
TOEFL	アメリカ発祥。アメリカ・カナダ・イギリス・オーストラリア・ニュージーランドなどの英語圏の大学・大学院で、英語力の証明として認められている。	4つの英語技能を約2時間で測る。すべてコンピューターで受験、スピーキングはマイクを通して録音する形で回答する。

出所 IELTS公式ウェブサイトとTOEFL公式ウェブサイトより筆者作成

(3) 時期を設定する

　海外留学の時期をいつ頃に設定するのがよいでしょうか。長期間かつ現地の学生と同じカリキュラムで学ぶ海外留学であれば、語学力や学力が必要なため一般的には3年生以上が理想でしょう。しかし、3年生となると卒業論文作成や就職活動、インターンシップへの影響が懸念されます。

　2年生までであれば卒業研究や就職活動と重なることはありませんが、語学力や学力が十分に身につく前に海外留学することになります。異国での生活にはコミュニケーション力がある程度必要です。また、海外で学習するためには自主性が不可欠と指摘されています（日本学生支援機構 2021a）。異文化の中で自律した留学生活を送るために、幅広い知識と能力が身についた段階で送り出したいものです。

　4年間などの**修業年限***で卒業しなくてもよいと考える学生もいます。海外で開催されるキャリアフォーラムに参加し、海外留学中に内定を得る学生もいます。そのような学生のニーズも踏まえて時期を調整しましょう。

(4) 費用面の負担を緩和する

　海外留学にかかる費用は無視できません。日本の大学よりも学費が高額な大学と協定を結び学生を送ると、学費の均衡を図るために、日本側に学費の差額分の負担を求められることがあります。その差額を大学が負担するのか、海外留学をする学生に負担を求めるのか、それとも折半にするのかなどを検討する必要が生じます。

　学費に加えて、現地での生活費も見逃せない点です。日本よりも物価が高く生活費がかかる国はたくさんあります。大学の寮に入れるのか、寮費はどのくらいか、寮に入れない場合はアパート、シェアハウス、ホームステイなどを活用するのか、それらにはどのくらいの費用がかかるのか、検討しなければいけないことは山積みです。大学寮といっても、

表 5-2　留学にかかる費用負担

	自大学の学費	留学先大学の学費
交換留学 (双方向)	必要	不要（ただし学費の不均衡が著しいと差額の負担を求められることがある）
派遣留学 (一方向)	不要（場合による）	必要

出所　筆者作成

その国の物価を反映して、日本の感覚からすると相当高額な場合もあるでしょう。

　反対に、日本よりも物価が安く生活費が抑えられる国であれば、経済的に余裕がない学生であっても海外留学に積極的になれるかもしれません。コストの面で多様な選択肢を準備することができれば、結果としてより多くの学生の海外留学が実現できるでしょう。

　相互に学生を受け入れる協定校であれば、海外の協定校の学生が自大学で学ぶことを希望するかどうかを考慮に入れなければなりません。双方向で学生を受け入れるのが交換留学です。そのためには、英語で開講する授業があること、語学としての日本語の授業があることなどが条件となります。一方で、そうした授業が開講されていなくても日本語学科がある大学であれば、興味を引きやすいかもしれません。

　協定校の学生が自大学で受けることのできる授業が少なく、魅力を感じないのであれば、一方向に学生を送ることとなり、費用負担が不均衡になります。不均衡を解消するため学費を支払ったり、教員交流などで便宜を図ったりしますが、バランスが取れない状態が長く続くと、相手先から協定の終了を通告されてしまう可能性もあります。

3　海外留学プログラムへの意欲や能力を高める

(1)　入学前の広報で意欲を高める

　海外留学には学生の主体的な意思が必要です。そのような意思を学生

がもつためには、海外留学の魅力を幅広く広報することが不可欠です。そうした広報活動は入学前から始まっています。高校生にとって自分が思い描く海外留学ができる可能性が高いことはその大学を志望する動機につながるでしょう。多くの大学が、大学のパンフレットなどに海外留学に関する案内を載せたり、**オープンキャンパス**＊で留学に関するプレゼンテーションや相談会を行ったりしています。

　留学について紹介するパンフレットでは、各種データをわかりやすく掲載しましょう。協定校の紹介、国・地域の選択肢、プログラムの種類はもちろんのこと、海外留学までのステップを明示します。海外留学に必要な語学要件や費用を示し、学生本人と学生の家族が実際に留学するイメージを描ける内容にしましょう。オープンキャンパスでは、留学を経験した学生に体験を語ってもらったり、直接質問に答えてもらったりする機会を設けると効果的です。

(2) 入学後の広報を行う

　入学直後の海外留学の広報は、新入生オリエンテーションの一環として実施できると理想的でしょう。各種プログラムを周知して、関心がない学生も含めた全員に海外留学の意識づけができます。たとえば、長期の海外留学にどの程度の定員枠があるのか、夏休みの短期留学はどのような種類があるのかといった具体的な情報を提供します。海外留学までの道筋を整理して伝え、大学生活全体のスケジュールを考える機会を設けることで、留学前に必要な学びや時間の使い方がわかるでしょう。

　オリエンテーションの後も、具体的な情報提供を継続的に行います。長期留学であれば留学先の国の文化、生活はもちろん、協定校で学べる学問分野やキャンパスライフなど提供する情報は多岐にわたります。実際に海外留学を経験した学生であれば、生き生きとした留学体験を伝えることができるでしょう。留学全体を通してポジティブな経験を積んだ学生や、その大学の特色ある分野を学んだ学生を選んで体験談を依頼すると効果的です。

協定校の担当者が海外から訪問する機会に、留学プログラムの内容や出願方法を担当者から直接学生に説明し、質問に応じる場を設けることも有意義です。加えて協定校から来ている留学生に声をかけて参加してもらうと、留学を考えている学生の意欲向上につながります。「留学体験報告会」「留学フェア」などと称して、オンライン開催も含め年間を通して実施するとよいでしょう。

(3) 留学準備科目を開講する

　海外留学への動機づけの一環として、カリキュラムの中に留学準備のための授業科目を開講する方法があります。海外留学に必要な語学力の向上を目的とした授業科目の開講が一般的ですが、異文化理解、コミュニケーション、危機管理など留学に必要な知識や技能の習得に主眼をおいたものもあります。さらに、留学する国や地域の社会や文化について学ぶ授業科目、日本の社会や文化を学ぶ授業科目なども考えられます。これらは留学先でどのような専門分野を学ぶのかにかかわらず、海外留学をする学生が全般的に身につけておきたい内容です。敬意をもちながら現地の社会や文化に適応し、有意義な留学生活を送るための準備となるでしょう。

　授業内でグループディスカッション、グループワーク、ディベートなどを取り入れたアクティブラーニングも留学の準備になります。日本語であれ英語であれ、参加型の授業に慣れておくと留学先の大学での学びに適応しやすくなります。

　現地の学生と肩を並べて学習するには、あらかじめその分野の基本的な知識を備えていなければなりません。留学先で学びたい専門分野に関しては、留学前に自大学で関連科目をしっかり履修して基礎を固めておくことが求められます。英語で開講されている関連科目があれば履修することが推奨されます。専門分野の頻出用語や概念を英語で学ぶことができ、留学先での授業の理解度が上がるでしょう。

(4) 留学に必要な語学力を向上する

　留学の条件として英語スコアの基準が設定されています。英語スコアの基準点をクリアできるように、対策講座を学内で開講したり、受験できる機会を設けたりすると、学生のスコアの向上を後押しするでしょう。対策講座の受講料や試験の受験料を無料もしくは一定額補助するのもよいでしょう。

　英語スコアの点数を基準以上に引き上げることは重要ですが、基準点に達するだけでは留学準備として十分ではありません。テスト対策に加えて、留学先の大学での授業についていくための総合的な英語の能力を身につける必要があるからです。英語の講義を理解し、英語の文献を読み、論理的なレポートを英語で作成しなければなりません。欧米などの大学の授業では、学生どうしでグループを組み、与えられたテーマで調査を行い、発表を行っています。グループワークにおいて自分の役割を果たしながら、ディスカッションに積極的に参加し、プレゼンテーションをこなすことができるコミュニケーション力も求められます。

　海外留学への意欲を高めつつ語学力を向上させる施策として、多文化交流ラウンジの設置があります。交換留学生が立ち寄りやすい場所に設置すると、自大学の学生が将来留学したいと思っている大学の学生に出会うかもしれません。普段から多文化の雰囲気に慣れておくことは、異文化適応と語学の両面においてメリットがあります。

　海外留学の体験者に調査した結果では、語学力が高いほど留学先での異文化適応が早く、その成果も大きいという報告があります（京都大学2023）。英語に限らず、海外留学に出発する前に現地の言語を十分に学習しておくことの大切さは、強調してもし過ぎることはないでしょう。

4　海外留学プログラムの質を高める

(1)　学生生活全体を視野に入れた履修指導をする

　全員が同じ時期に同じ大学へ海外留学するのであれば、海外の大学で開講される授業科目を正課のカリキュラムに組み込み、学生はそれらを履修し単位を修得すればよいでしょう。しかし、それは多くの大学にとって現実的ではありません。**卒業要件**＊、留学時期、留学先の大学で履修できる科目を照らし合わせて、個々の学生に合った履修計画を立てる必要があります。

　海外留学と4年間での卒業を両立させる方法として、留学先の大学で修得した科目の単位を卒業要件に含めることがあります。**大学設置基準**＊の第28条によって60単位を上限に認定することができますが、単純に単位数を積み上げればよいのではありません。必修科目をあらかじめ定められている年次に順番通りにしたがって履修するといったような履修の条件にも対応しなければならないのです。

　自大学のカリキュラムを熟知し、留学先の大学で履修できる科目を踏まえて指導できるのは大学の教職員です。たとえ1年間留学しても最短の修業年限で卒業したいと希望する学生には、留学を含めた4年間を視野に入れた履修指導を心がけましょう。

(2)　留学先での履修について助言や指導をする

　学生が留学先の大学で履修する授業科目については、どのような点に注意して助言や指導をするとよいでしょうか。授業内容と水準はその学生に適しているか、履修する科目数は適切かを確認します。長期留学の場合、その大学で標準とされている科目数や単位数を履修するのが一般的ですが、現地の生活や英語に慣れるまで時間がかかりそうな学生には、最初の学期では少なく履修することを勧めてもよいでしょう。

　卒業要件のうち必修科目の履修が必要な場合は、留学先の授業科目のうちどれを履修すれば自大学で認定できるのかを考慮して学生を指導します。留学に出発する前に、履修予定表の提出を課すという方法もあります。4年間で卒業することを必要としない学生については、希望する科目を自由に履修させるという考え方もあります。

　科目の登録方法に関して、履修科目の登録を学生自身が行うこともあれば、**アカデミックアドバイザー***とよばれる留学先の大学の担当者が行うこともあります。学生自身が科目登録を行うのであれば、留学先の大学の科目登録の仕組みを理解しなければなりません。留学生であっても現地の学生と同じ条件で自由に履修できたり、制限があって自由な履修が許されなかったり、制限があるにもかかわらず実際には履修できたりする場合など大学によって事情は異なります。

　協定大学ごとの履修に関する情報は、これまで留学した学生から聞き取りを行い、情報を蓄積します。帰国後のアンケートで履修について詳しく確認しデータベース化して、教職員やこれから留学する学生が参照できるようにするとよいでしょう。

(3) 海外留学プログラムを評価する

　海外留学プログラムを継続して運営するためには、定期的に評価し改善につなげることが必要です。評価の方法としては、海外留学前後の語

表 5-3　海外留学終了後のアンケートで尋ねる内容の例

教育の質	学生の質、教員の質、学生と教員の関係、後輩に履修を勧める科目と勧めない科目、科目登録の方法、学習支援(ライティングサポートなど)、留学生支援部署のサポート
図書館、体育施設、IT 設備	充実度、使いやすさ、利用頻度、費用
学生生活、環境面など	キャンパスや寮の住みやすさ、課外活動、留学生の割合、学内ソーシャルイベントの有無、地域の人との交流、現地の物価、食事、公共交通機関、治安
自らの変化・成長	語学力、専門分野の学習、文化面の適応、将来の進路、留学を経て自分自身の変化

出所　筆者作成

学力を試験で確認する方法や、海外留学を終えた学生にアンケート調査を実施する方法などがあります。

アンケート調査を実施する場合は、教育の質とプログラムが学生に与えた影響を確認するようにしましょう。教育の質は、留学先の大学のソフト面(教育研究の質、教員や学生の質、履修した科目)とハード面(図書館、体育施設、IT 設備)を中心に尋ねます。キャンパスや寮の環境、留学生の割合を尋ねるのもよいでしょう。プログラムが学生に与えた影響については、語学力は向上したか、専門分野の学習を深めることはできたか、文化面の適応はどうだったか、将来の進路にどのような影響を与えたかなど学生自身の変化を尋ねます。

ディプロマ・ポリシー*にそった留学経験になっていることを確認するには、留学終了後のアンケートに卒業時調査で尋ねる学習成果と同じ項目を含めるとよいでしょう。留学経験を通してこれらの能力が向上しているのであれば、ディプロマ・ポリシーにそった海外留学プログラムといえるでしょう。また、評価結果を改善につなげるためには、海外留学プログラムの運営に携わった教職員だけでなく、学内のさまざまな立場の教職員も構成員とした会議体を設置し、さまざまな視点で議論するとよいでしょう。

コラム　留学プログラムに大学の教職員がかかわる意義

　留学プログラムに大学の教職員がかかわる意義を考えたことはありますか。留学プログラムの運営の一部を旅行会社などにアウトソーシングすることはありますが、すべてを外部の人に任せることは無理だと、みなさん思っていることでしょう。留学プログラムは大学が運営しているものであり、最終的な責任の所在は大学にあります。そのことを前提として、留学プログラムに大学の教職員が介在する価値について考えてみたいと思います。

　留学プログラムに大学の教職員がかかわる価値、それは教育的効果を高めることができる点ではないでしょうか。大学の理念やディプロマ・ポリシーを踏まえた留学プログラムを設計すること、そして学生と教育的なかかわりができ、教育効果の高い留学に導くことができるのは大学の教職員です。

　留学アドバイジングを例にとって考えてみます。大学の理念やディプロマ・ポリシーを踏まえて、学生の学びがより深まるような留学先を選ぶ手助けをする、これは大学の教職員でなければ難しいでしょう。留学先ではどのような環境で何を学べるのか、自大学と比較しながら把握し、個々の学生に合わせた提案ができることも重要です。提携機関のスタッフとのやりとりや実際に現地を訪問した経験、また過去に送り出した学生がどんな学びをしたか、そういった蓄積がものをいいます。

　学びが最大限に深まる留学プログラムや留学先の選択という点に加えて、学生のアカデミックパス・キャリアパスの中に留学をどう位置づけるのかということも留学アドバイジングの一部です。留学先では専門分野を深めたい、自大学にはない分野を学びたい、インターンシップをして希望のキャリアに近づきたいなど、留学の位置づけは学生それぞれです。留学前後の履修をアドバイスしたり、留学の経験を生かしたその後のキャリアを一緒に考えたり、長期的な視点で支援できるのは大学の教職員です。

　留学の手続きを一部代行する、海外の大学を紹介する、生活面をサポートするなどは外部の人に担ってもらうことは可能でしょう。しかし、大学の理念やディプロマ・ポリシーを満たす方向で、教育効果を高める学生とのかかわりは外部の人には難しいのではないでしょうか。業務が立て込んで余裕がない時は実感しづらいものですが、定期的に立ち止まって、自らが担っている業務の価値を再認識したいものです。

第6章 海外留学の学生支援

1 海外留学における学生支援とは

(1) 海外留学における学習を促す

　海外留学に対してどのような学生支援が求められるでしょうか。目的、派遣先、留学時期、留学期間などがさまざまな海外留学のプログラムが提供され、日本の大学では得られない豊かな学習を提供することができます。

　こうしたさまざまな海外留学における学習を適切に促すことが学生支援には求められるといえるでしょう。海外での学習はもちろん、たとえば、自大学に戻った際に留学での学びと自大学での学びが制度的にも内容的にも適切に接続できるような工夫が必要です。自大学での学習と留学先での学習の効果的な接続は、参加する学生やその家族からも強く求められています。

(2) 安全で安心な生活が前提となる

　学習を促すためには留学先での安全で安心な生活が前提となります。そのためには法令にのっとった海外留学が行われることや、海外での生活のさまざまなリスクに対応できることも大切です。渡航手続きや準備、渡航中、帰国後までの一連の準備や、渡航先での生活に関しての支援も欠かせません。法令をはじめとした渡航にかかわる事項や制度を理解することが、海外留学の支援を担当する教職員が最初に押さえるべき点で

しょう。

　特に安全管理・危機管理は、海外留学プログラムの期間や目的にかかわらず共通の支援事項です。個々の学生に対して、海外に渡航するうえでの最低限の指導をするだけではなく、大学として組織的に対応しなければなりません。仮に、留学先で事件や事故が発生した場合、大学の責任が問われます。長期留学を義務づける大学や学部などが増えたこともあり、留学に対して受け身の学生が増えています。こうした学生やその家族は自分たちでしっかりと留学について調べずに、大学の主催するプログラムだから安全で安心であると認識しているかもしれません。そこで、万が一の事態が起こった際、大学として何をどこまでする必要があるかを組織的に決定し、留学する学生がルールを共有・遵守するように指導することが、大学として留学制度を維持していくうえで必要です。そのため、組織的な支援ができる仕組みづくりを念頭に、学生個人との関係構築を意識しましょう。

(3)　相手先との関係を構築する

　留学先の大学や団体との関係性を構築し維持していくことも海外留学の学生支援において大切な視点です。交換留学の場合、自大学と相手先大学で相互に学生を受け入れる協定を締結しています。それぞれの大学の責任において内部選考を行い、候補者を選出し、学生を相互に送り出すことを定めています。つまり、学生を大学の代表とするという意味合いが強く、学生個人まかせのままトラブルが生じた場合、大学どうしの信頼関係、ひいてはその後の相互派遣へ悪い影響が出る可能性もあります。したがって、留学制度の継続性を担保する観点から、留学する学生に対して、大学の代表としての自覚を促すとともに、一定程度の組織的支援が必要といえます。

　また、担当者による定期的な大学訪問や、海外留学フェアへの出張時の交流などを通じて、各大学、団体の担当者との関係性を構築することも、組織的支援の強化につながります。

表6-1 大学が主催する留学プログラムのロードマップの例

2年前	1年半前	1年前 ～6カ月前	6カ月前 ～3カ月前
留学への意思 情報収集 計画の立案	目的の明確化 条件絞り込み 語学力向上 語学試験受験	学内制度出願 学内選考 選考合格 奨学金の検討、申請 予防接種が必要か確認	オリエンテーション参加 留学先に申請手続き 入学許可書受領 奨学金の検討、申請

出所　筆者作成

(4) 必要な支援を明確にする

　留学する学生の支援のためには、渡航するまでに何をする必要があるかを、支援にかかわる教職員が理解し、学生に提示するように準備しておきましょう。渡航に際してどのような準備をしなければならないのかは、留学の種類、期間によって異なります。学生に対しては、留学を検討する段階で、興味あるプログラムの渡航までのロードマップを示すとよいでしょう。何をどの時期までにしておく必要があるかを伝えておくと支援が円滑に進みます。たとえば、選考の方法や必要な語学力、留学に関する各種手続き、渡航から帰国に向けた準備、学内外の**奨学金***への申請、帰国後の**単位認定***など、一連の流れが想定できるようなロードマップ（表6-1）の作成は、留学支援における重要な事項になります。

　ロードマップに示された事項を踏まえ、具体的な留学支援の内容を考えます。留学先の確定後にやるべきことは、留学先の大学・機関の各種手続き、**ビザ***の取得、寮、保険、航空券、奨学金など多岐にわたります。それぞれどのように手続きをしてどういった準備をするのか、どの程度の期間がかかるのかなど、学生に伝える前にまず担当者が調べて把握し、説明できるようにしておきましょう。これらは、共通的な内容でマニュアル化できるものと、国や大学・機関ごとに手続きが異なり、マニュアル化しづらいものがあります。

　留学については、プログラムごとに参加学生の外国語能力や動機づけ、

3カ月前〜直前	留学直後	留学中	帰国
ビザ取得 保険加入 現地滞在場所確保 航空券手配 予防接種 留学先での履修計画検討	出発 寮など入居 現地手続き 在留届提出 オリエンテーション	履修登録 留学先で学習 課外プログラムへの参加 大学への定期連絡、報告	帰国後履修 単位認定申請 留学の振り返り

海外渡航経験もさまざまです。担当者がプログラムを適切に分類することで、求められる支援が具体的にみえてきます。留学支援のために使える資源は大学ごとにさまざまです。自大学の状況を踏まえたうえで、仕組みや制度を検討しましょう。

2 海外留学を経済的に支援する

(1) 渡航費用の相場を伝える

　留学検討時に学生の関心が高い要素としてまずあげられるのが経済面です。留学費用は、留学する国や地域、機関によって相場が違います。留学先が大学の場合は、各大学公式サイトの留学生向けページに概算費用が記載されています。協定を結んでいる大学であれば、Fact Sheetまたは Information Sheet とよばれる公式情報をまとめた資料が共有されているはずです。留学先を検討するため、これらに記載されている費用の情報を一覧にまとめるなど、学生が費用を比較し、検討しやすくする工夫も必要です。

　留学先が語学学校など大学以外であれば、費用は事前に案内されているでしょう。学生が個人で探してきた学校の場合、想定外の費用請求などのトラブルもあります。大学外の団体が主催・仲介する留学に関する相談を学生から受けた場合、継続的に大学生の留学実績がある団体や企

業、信頼のおける企業・団体が紹介、運営している留学プログラムやツアーなどを選択するように助言しましょう。

　また、留学費用の面で相談されたなら、アジア圏への留学という選択肢もあります。現地の言語だけでなく、英語で学べるコースを設けている大学も多く、北米やヨーロッパと比較すると費用は安価です。長期留学では北米やヨーロッパが選択肢になりやすいですが、アジア圏への留学制度を大学として設けることは、学生の選択肢を増やすことにつながります。ただし、留学費用はその時期のレートにもよること、あくまでも参考情報であることは、学生とその家族にしっかりと伝えるようにしましょう。

(2)　留学支援のための奨学金制度を定める

　留学のための奨学金は学生の家族からの関心も高く、入学直後から問い合わせがあるでしょう。そのため、留学促進の大きな柱として、留学支援のための奨学金制度を設ける大学が増えています。そのほとんどが、留学機会の提供・促進を目的とし、留学費用の一部を負担する給付型の奨学金です。

　給付額は、プログラムの種類、留学期間や留学する国によって異なります。ほかの奨学金と同様に、出願・採用要件に家計基準や成績を含むものが多いでしょう。留学費用は高額であるため、奨学金の役割は大きく、留学を希望する学生の意向を後押しできる制度をつくることが各大学で求められています。

(3)　外部奨学金の獲得を支援する

　各大学が自前の奨学金制度を設けるには原資も限られます。そこでさらなる留学支援のためには、外部奨学金の活用を検討することも選択肢の1つです。留学支援を目的とした外部奨学金にはさまざまなものがありますが、代表的なものは文部科学省が実施している「トビタテ！留学JAPAN」でしょう。そのほかにも、各自治体で実施している、特定の

地域出身者・在住者を対象とした奨学金や、日本学生支援機構が募集を行い、各大学が個別プログラムを申請し採択されることで奨学金が支給される「海外留学支援制度（協定派遣）」など、さまざまな外部奨学金があります。加えて民間企業が提供するものもさまざまあります。

　これらの奨学金は、大学が窓口となり選考を行う、応募を取りまとめるなど、申請にあたって大学の関与が求められます。たとえば、「トビタテ！留学JAPAN」については、申請するにあたって、単なる派遣留学ではなく、現地での実践活動計画の策定などが必要になります。こうした場面でも大学が支援することが望ましいといえます。もちろんこれらの申請についてどこまで支援するかは各大学の方針にもよりますが、個別の支援には相当の労力が必要なため、自大学の状況、支援にかかわる人的資源などを踏まえて検討する必要があります。

(4)　支援制度について理解を促す

　学内奨学金制度の設立、外部奨学金申請のサポート体制整備と並行して、海外留学の支援を担当する職員には、これらの制度を学生に周知する広報活動が必要です。制度をまとめた資料やサイトの作成はもちろんのこと、それらの情報を学生に届けなければなりません。具体的には、入学時に新入生向けガイダンスを行う、学内ポータルサイトにこれらの情報を提示する、留学ガイダンス時に奨学金情報を提供することなどが考えられます。特に外部奨学金は、申請時期などがそれぞれ異なっています。学生が書類などを準備するのに無理のないタイミングで情報提供ができることが望ましいでしょう。

　また、奨学金は支給されて終わりではありません。その多くが支給決定後にさまざまな手続きや提出物があり、留学終了後も支給先団体の依頼に応じて、団体の主催する会合や活動などへの参加を求められます。奨学金の支給はこれらの手続きや活動などを伴うものであることを学生が理解したうえで、申請や支給に関する支援を行うようにしましょう。

3　渡航を支援する

(1)　留学先への手続きを支援する

　留学先への手続きは、留学先の期間、国によって異なります。長期留学の場合は、多くの場合ビザの取得が必要です。学生ビザの申請には、留学先の各大学や機関から入学許可書を発行してもらう必要があります。入学許可書発行には、留学形態や期間にもよりますが、まずは各大学・団体への**ノミネーション***の手続きを行います。ノミネーションとは、協定大学や学校の担当者にどの学生が留学するのかを、所属大学の担当者から連絡・申請することです。ノミネーションを行うと、必要な手続きや書類について連絡があります。

　連絡があったら、次は必要情報と書類の提出です。主なものは、学生自身の情報（氏名、国籍、家族構成など）、所属大学の成績証明書、語学スコアの証明書（IELTS、TOFEL など）、パスポートのコピー（有効期限に注意）、健康診断証明書、預金残高証明書（財政能力証明書）などです。預金残高証明書は、多くの国で留学の際に提出するものです。申請をした時点で、口座にある預金額を銀行が証明する書類で、留学生活を無事に過ごせるだけの預金額があるかを確認するための書類です。必要な金額は国や期間によっても異なりますが、約1年間の留学だけで500万円を超える預金額を提示する必要がある場合もあります。

　また、予防接種の接種歴証明書も多くの大学で求められます。国や州などの法令で入国時に特定の予防接種を受けていることを証明しなければならない場合もあります。加えて、留学する国によって独自に提出を求められる書類もあります。

　申請にあたっては、日本語の書類ではまず受け付けられません。英語、もしくは留学する国の言語への翻訳が必要です。プログラムごとにどの言語での書類提出が必要かといった情報を担当職員が把握しておくと円

表 6-2　留学申請の際に必要となる主な書類

・派遣先大学・学校所定の願書	・成績証明書
・語学能力証明書	・健康診断証明書
・出願料、保証金（デポジット）など	・接種歴証明書
・学習・研究計画書	・預金残高証明書
・パスポートのコピー	・所属大学の教員の推薦状

出所　筆者作成

滑に対応できます。書類は、本人が直接メールか、もしくは留学生用ポータルサイトなどから提出しますが、場合によっては、学生本人でなく、所属大学を介しての提出が必要です。書類提出後、約2週間から4週間程度で入学許可が出て、入学許可書が郵送されます。一方、大学のプログラムでない個人での私費留学については、ノミネーションはなく、学生自身が直接留学先と交渉し手続きを進めます。

　留学支援を担当する教職員が、関連する手続きをすべて把握するのは現実的に困難です。ただし、各国の申請方法や手続きが大きく変わることは少ないため、担当者用資料として情報をまとめておくことで、学生にも説明がしやすくなります。まとめた申請方法や手続きに関する情報は定期的に確認するようにし、変更があった場合は必ず情報を更新しておきましょう。

(2) 渡航手続きを支援する

　留学先からの入学許可書を入手したら、渡航のための手続きに入ります。まずは、ビザの申請です。ビザの申請には、入学許可書や預金残高証明書、ビザ申請費用などが必要です。国によっては、ビザ取得手続き時に航空券の購入や保険加入が必要な場合もあります。入学許可書については、必ず書類の内容を確認しましょう。海外機関とのやりとりでは、留学期間の記載の誤りや、別の学生の許可書が届いてしまうということが実際に起こります。また、ビザの取得には、大使館での面接が必要です。留学手続きの件数が多くなる6〜7月は大使館のスケジュールが混み合い、面接予約が取りづらくなります。入学許可書が届いたら早めに

面接の予約を入れるよう、学生に声がけをしておくことも重要でしょう。また、一定の条件を満たせば、郵送でビザ取得の手続きをすることも可能です。

　ビザ取得後は、現地滞在場所の確保、保険への加入、航空券の購入などが続きます。まずは、現地の寮もしくはアパートなどの確保です。短期のプログラムの場合は、受け入れ先学校が提携しているホテルや寮などに滞在する場合と、自分でホテルを探す場合とがあります。自分で探す場合には、金額だけでなく、周囲の治安やホテルのセキュリティなども確認するように促します。場合によっては、担当職員が先方の担当者とやりとりし、現地の情報を収集しておき、学生に助言するようにしましょう。長期留学の場合は、協定により大学などの寮に入寮することが義務づけられていることがほとんどです。これらの寮は先着順のことも多いため、早めの手続きが求められます。

　次に、保険への加入です。危機管理システムとの連携などもあり、多くの大学が特定の保険に加入するよう学生に求めています。加入する保険を学生個人が選択できるなら、加入実績が多く、医療保障や救護支援などが付帯されたプランを選択するように周知するとよいでしょう。また、長期留学時の保険加入については、留学先の大学が指定するものと、自大学が指定するもの双方への加入が求められることもありますので、事前に学生への説明をしておくと、トラブル防止につながります。

　最後に、航空券の購入です。ビザが取得できたら、早めの航空券の購入を促しましょう。航空券は早く予約するほど安価で購入できるからです。留学先での授業日程などが確認できるのであれば、帰国時の航空券も予約すると、費用を抑えることができます。

　短期の留学であれば、外務省が運用している海外安全情報の無料配信サービス「たびレジ」への登録を推奨し、渡航する学生たちが必要な情報を得られるよう支援をします。

(3) 渡航前の最終確認を行う

　ビザを取得し、寮や航空券、保険加入などの手続きを済ませたら、いよいよ渡航に向けた最終確認に入ります。学生が必要な手続きを終えているかを自身で点検できるチェックリストがあると、担当者との確認が円滑に進むでしょう。また、この時期に危機管理に関するオリエンテーションを実施し、渡航時に生じるトラブルや事件・事故の例とその具体的な対応についての理解を深めます。

　最終確認時に忘れないようにしたいのが、渡航後の連絡方法と、緊急時の連絡先などです。渡航後の連絡方法を大学として定めていない場合、どのように定期連絡を行うのかを決めておきます。併せて、現地での滞在先や、往復の航空便、緊急時の連絡先など、これらの情報をまとめた緊急時連絡票を作成して担当者間で共有し、トラブルの際に参照できるようにしましょう。

　また、しばしば忘れがちなのが、常備薬などの薬です。医者から処方された薬を日常的に服用している学生であれば、渡航する前に多めの薬の処方が必要です。長期の留学の場合は、英文での診断書や症状、普段使用している薬の種類などを明記した書類の発行をかかりつけ医に依頼するなど、現地でも対応できるように準備するよう連絡しておきましょう。また、日本で処方されている薬が、留学先の国では処方されていな

第6章　海外留学の学生支援　｜　75

表 6-3 緊急時連絡票の記載項目一覧

- 参加プログラム名
- 留学する国や地域
- 搭乗便（渡航便、帰国便）
- 保険会社、加入プラン
- 現地連絡手段（メール、SNS、電話など）
- 家族の緊急連絡先
- 現地滞在先の名称、住所、連絡先、ルームメイトの有無

出所　筆者作成

いということもあるので、事前に調べるように学生に促しましょう。

(4) 滞在から帰国までを支援する

　学生が渡航した後も支援が求められます。学生が留学先へ到着したら、学生と連絡をとりましょう。渡航直後は、予定した寮に入れない、ルームメイトとトラブルが発生する、想定外の費用請求をされるなど、さまざまな問題が起こる可能性があります。留学先の大学内で生じたトラブルは、大学の留学支援担当者どうしで話をするほうが、解決に向けて円滑に進むことも多いでしょう。留学支援を担当する職員は、各大学の担当者と定期的な連絡や情報交換をしておくことが望まれます。担当者どうしの顔が見える関係性を築くことが、支援の充実につながります。

　また、留学中の学生のメンタルケアといった、デリケートな問題については、担当者の支援が重要です。日本人やアジア人に対する差別や**ヘイトクライム***のある国もあります。留学先の担当者とも連携し、留学している学生のケアに努めます。状況によっては、現地に担当者が渡航する事態も想定しておきましょう。

　また、留学中、学生たちが旅行に出ることもあります。北米やヨーロッパでは、サンクスギビングから始まり、クリスマス、年末年始と休暇が続き、この時期は寮から強制的に退寮を指示される場合もあります。この時期、学生がどこに旅行する予定であるかなど、事前にメールや入力フォームでの連絡を促し、居場所を特定できるようにしておくと安心です。

帰国後は、留学中と帰国後の学習をつなぐ学習の接続を行います。単位認定や自大学の授業科目としての留学、プログラムの修了証など制度による接続と、学びの振り返りや言語化など、学びの内容による接続の2種類があります。効果的な学習の接続を促すためには、この2つをうまく組み合わせた創意工夫が必要です。また、帰国後に**リエントリー・カルチャーショック***に襲われる学生もいることから、帰国学生の様子を観察し、学生のメンタルケアの観点から、帰国後に感じている想いを言語化する振り返りの機会を設けるなどの対応が求められます。

4　海外留学の危機管理を行う

(1)　全学的な危機管理体制を構築する

　留学における危機管理は、組織と個人の両面があります。組織としての危機管理で重要なことは、留学のリスクとその回避についてどのように学生に伝えるか、重大事件などが発生した際に学生をどのようにサポートするかということです。それらを全学的に検討し、対応できる体制を構築しなければなりません。一方で、個人としての危機管理は、学生が未然にリスクを想定し、どうしたらリスクを回避できるか、もしリスクと直面したらどのように行動するべきかを知り、意識して行動できるようになることです。

　全学的な危機管理体制の構築とは、組織と個人の両面で危機管理の体制を構築するということです。つまり、留学にかかわる大学の関係者が共通の意識をもって業務に携わり、渡航する学生自身も海外でのリスクについて教職員と共通の理解をもって留学中に行動することの2点を満たしている状態といえるでしょう。

(2)　危機管理体制の質を高める

　危機管理体制の構築やシステム導入などにおいて重要なのは、学生の

連絡先や渡航情報、往復の航空便情報、留学先担当者氏名や連絡先といった、緊急時に活用する情報を誰がどのように管理し、どのように共有するかという点です。

　事件や事故発生時に、学内からしか緊急情報にアクセスできない場合、初動が遅れてしまいます。かといって、必要以上に**個人情報**＊をクラウドなどに共有するのも問題です。大学によっては、学生から収集している情報項目が留学プログラムごとに異なる事例が散見されます。体制構築やシステム導入だけで満足せず、実際に各担当レベルで適切な運用ができるようにしていくことが、留学支援担当者に求められる役割の中で重要な業務の1つといえるでしょう。

(3)　危機管理システムを活用する

　危機管理体制の構築には、プログラムごとに個別の危機管理を行うのでなく、全学共通の危機管理の仕組みやシステムを利用し、一元的な危機管理体制をつくることが大事です。危機管理が部署・担当まかせの場合、事件・事故の発生時に迅速な対応ができず、対応の遅れや人為的なミスにもつながりかねません。

　留学が一般的になっている現在、さまざまな企業や団体が危機管理システムを設計、構築しています。システムを導入するうえで大切なのは、利用のしやすさと、短期から長期までの留学を幅広くカバーできるもの、24時間対応可能なもの、コストパフォーマンスがよいものなどでしょう。これらのシステムの利用には、指定の海外旅行保険への加入が求められています。留学支援担当者は、各大学が導入するシステムを参考にしつつ、自大学の規模や状況にふさわしいシステムを選定したり、もしくは独自の仕組みを構築したりするとよいでしょう。

(4)　学生の家族の理解を得る

　危機管理において、学生の家族の存在も視野に入れなければなりません。留学する学生と大学の連絡手段は、主にメールや**LMS**＊などです。

> **コラム　危機管理対応における学生の家族の重要性**
>
> 　学生の家族と協力して実際に危機管理対応を行った事例があります。学生本人は旅行以外では初めての長期海外滞在となるため、しっかりと準備をしたうえで留学をスタートさせました。
>
> 　ところが、渡航して2カ月ほど経つと、学生からまったく連絡が来なくなりました。最後の連絡は「風邪を引いたかもしれず、調子がいまいちです」というメールだったので、担当者としてもかなり気になっていました。学生に向けて何度かメールは送りましたが、まったく返信がありません。留学先大学の担当者に連絡を入れるも「寮の担当者から何も連絡はないから大丈夫だ」と返信があり、それ以上聞くこともできず、状況がつかめませんでした。そこで、学生の親に連絡を取り、LINEで本人と連絡を取ってもらったところ、体調が悪化し、身動きが取れなくなっていることが判明しました。居室のベッドから起き上がることができず、PCを開いてメールしたり、ポータルサイトから連絡したりできる状況ではなかったのです。
>
> 　状況が判明したことで、寮の担当者に国際電話で連絡を取り、部屋で倒れている本人を病院に連れて行ってもらうことができました。もう少し発見が遅れていたら、重症化し、命にかかわっていた可能性が高いと報告を受け、背筋が凍る思いがしました。後で聞いたところでは、寮の居室は基本的にほかの学生とペアなのですが、同室の学生とうまくいかず、同室の学生が勝手にほかの居室に移っていたとのことでした。
>
> 　この件以降、留学前にはご家族宛に文書とメールをお送りし、万が一の際の協力をお願いすることになりました。毎年行う保護者の方にご参加いただく懇談会においても、同様のお願いをするようにしました。「留学時の学生たちのサポートスタッフのお1人として、ぜひご協力をお願いします」との呼びかけは、留学について「大学任せ」になりすぎない効果も生むようで、留学前の大事なプロセスの1つとなりました。

しかし、学生の家族は手軽に学生と連絡が取れるSNSのツールを主に利用しているため、緊急時には学生本人との連絡を家族に依頼することになるかもしれません。学生の家族には、学生から各種資料の共有を伝え、資料確認の欄を設けるなどすると、大学の留学方針やルールをあらかじめ理解できる機会となるでしょう。学生の留学を支援する1人として、学生の家族の協力を得られるようにしましょう。

第7章 在留資格と在籍管理

1 受け入れにかかわる制度を理解する

(1) 基本的な制度の理解は欠かせない

　留学生を大学が受け入れるためには、留学生にかかわる制度について、関係する教職員の理解がなければなりません。留学生の受け入れに際しては、**在留資格***をはじめとした法律などのルールを遵守する必要があります。ルールに違反してしまうと、留学生が留学を継続することが不可能となってしまいます。知らなかったからルールに反してしまったという言い訳は通用しません。留学生の生活や学習においても留意すべきことがあるため、制度に対する最低限の理解は、教務関連の部署をはじめ教職員全体にも求められるといえるでしょう。

　制度の理解は留学生個人の不利益だけでなく、大学の信用問題にもなると認識しておきましょう。場合によっては、日本国内だけでなく国際的な問題に発展するおそれもあります。制度を正確に理解し、適切に対応することは、大学の危機管理でもあるのです。

(2) 留学生とは

　そもそも留学生とはどのような学生を指す言葉なのでしょうか。留学生は正式に外国人留学生といい、在留資格「留学」を保有する者をさします。本書で使用している留学生も外国人留学生のことです。他方で、在留資格「留学」を保有しない外国人の学生のことを、一般に外国人学

生といいます。外国人学生が保有する在留資格としてよく見られるのは、在日韓国・朝鮮人などの「永住者」、外国出身であるものの日本国内に居住する家族がいる「家族滞在」、日系3世や中国残留孤児の子孫である「定住者」です。

受給する**奨学金**＊の種類に着目すると、留学生は、国費外国人留学生（以下、国費留学生）と私費外国人留学生（以下、私費留学生）に区分されます。国費留学生は、文部科学省の**国費外国人留学生制度**＊の奨学金を受給している留学生のことをさします。それ以外の留学生は、私費留学生に位置づけられます。私費留学生には、外国政府等の経費負担により派遣される留学生（以下、外国政府派遣留学生）や各種交流団体の奨学金を受給する留学生も含まれます。

正規生である留学生と非正規生である留学生という区分もあります。正規生は**カリキュラム**＊で学位の取得を目指す留学生のことを一般的に指します。非正規生は、**科目等履修生**＊、聴講生、研究生、交換留学生として学ぶ留学生や、大学に設置されている留学生別科で学ぶ学生です。

(3) 在留資格を理解する

外国人が日本で滞在するためには、**出入国管理及び難民認定法**＊（以下、入管法）に基づく、在留資格の取得が求められます。在留資格とは、外国人が日本に滞在し、活動するために必要な資格です。外国人が日本に滞在し、なんらかの活動に従事するためには、在留資格が必要です。2024年時点で29種類の在留資格があり、外国人が同時に保有できる在留資格は1種類のみです。在留資格の種類によって日本で従事できる活動の範囲が決まり、ほとんどの場合において在留資格には有効期限が定められています。日本に3カ月以上在留する外国人は中長期在留者として在留管理の対象となり、在留カードが交付され、所在不明などで3カ月以上在留資格の活動を行っていない場合は不法滞在とみなされ、入管法違反により在留資格が取り消されます。

外国人が日本の大学で学位取得や交換留学のために3カ月を超えて滞

在する場合は、原則として在留資格「留学」を取得することとなります。一方、短期研修プログラムなど、日本で学ぶ期間が 3 カ月未満であれば、「短期滞在」の在留資格を取得することになるでしょう。

在留資格「留学」により、日本語で授業を行う大学等に在籍する正規生または学士課程の科目を履修する非正規生に対しては、文部科学省は**日本語能力試験***における N2 レベル相当以上の日本語能力を求めています。また、大学等の非正規生は、1 週間に 10 時間以上という所定の授業時間を確保しなければなりません。これらの条件を満たさない場合、在留資格「留学」を取得できないこととなっています。

(4) 安全保障輸出管理を理解する

安全保障輸出管理*の制度を理解することも重要です。安全保障輸出管理とは、日本を含む国際社会の平和や安全を維持するために、武器や軍事転用可能な技術・貨物が安全保障上懸念のある国家やテロリストの手に渡ることを防ぐために行う輸出管理のことです。日本では**外国為替及び外国貿易法***（以下、外為法）による規制が行われています。大学においては、外国人留学生・研究者の受け入れ、外国の研究機関との共同研究、外国出張、外国からの施設視察などにおける、安全保障上機微な技術・試料・機材等の提供・送付・持ち出しが、規制の対象となる可能性があります。

外為法では、規制対象の技術を留学生などに提供するために、経済産業大臣の許可を取得することを定めています。そのため、外為法の規制に抵触しそうな行為について、早めの段階で学内において確認を行うことが重要です。なお、学内での確認にあたっては、経済産業省が求める学内での体制整備や規程策定が前提となっています。

外為法の規制は個々の技術提供の場面ごとに個別に許可申請を行う体系となっています。しかし、外為法の規制を遵守するために、留学生を日々個別に管理することや、出国前に持ち物検査をすることは現実的ではありません。そのため、実務上は、留学生の受け入れ時、在学中、卒

業時の各段階で、安全保障上の懸念の確認や注意喚起の実施、誓約書の取得などを行うことで、日々の個別管理に代えることができるとされ、これらをそれぞれ入口管理、中間管理、出口管理といいます（経済産業省貿易管理部 2022）。

2　入国と出国の手続きを行う

(1)　在留資格認定証明書の代理申請を行う

　日本国外にいる留学生が日本に入国するためには、本国の日本大使館でビザ*の発給を受けていなければなりません。ビザの申請には、パスポートや申請書のほかに、日本国内の代理人から受け取った在留資格認定証明書が必要となります。国外にいる留学生がこの手続きを行うことは難しいため、大学が在留資格認定証明書の代理申請を行うことが一般的です。

　留学生担当者は、留学生に入学許可書が発行されたら、地方出入国在留管理局において在留資格認定証明書の代理申請を行います。在留資格認定証明書とは、日本で従事する活動が虚偽のものでなく、かつ、指定の在留資格に該当することを証明するものです。英語名称のCertificate of Eligibility を略して CoE とよばれることもあります。

　在留資格認定証明書の交付申請に必要な書類は、基本的には申請書とパスポートの写しですが、経費支弁に関する書類や、履歴書、日本語証明書などが求められる場合もあります。地方出入国在留管理局における在留資格認定証明書の交付の標準処理期間は１カ月から３カ月となっています。担当者は、管轄の地方出入国在留管理局における発行までの期間を、それまでの傾向から把握しておき、合格発表から入国までのスケジュールを組んでから、代理申請を行うようにします。在留資格認定証明書が発行されたら留学生に送付します。在留資格認定証明書の有効期間は３カ月間で、原則有効期間内に入国しないと失効してしまいます。

なお、国費留学生であれば、在留資格認定証明書なしでビザ申請を行うことができます。

(2) ビザの申請から日本への入国まで

ビザが発給され次第、留学生は渡日できます。日本到着時の空港が主要空港であれば、入国審査において、パスポートに「上陸許可」の証印シールが貼付され、在留資格が記載された在留カードが交付されます。主要空港以外の空港から入国した場合もパスポートに「上陸許可」の証印シールが貼付されますが、「在留カード後日交付」と記載されます。この時は、14日以内に市区町村で住民登録の届出を行うことで、届出住所に在留カードが郵送されます。交付された在留カードは常に携帯しなければいけません。

(3) 出国にかかわる手続きを周知する

留学生は卒業、**休学**＊、退学、除籍となったら、在留期間が残っていても、帰国しなければなりません。在留資格「留学」のまま、アルバイトをしたり、日本に滞在し続けると不法残留とみなされます。そのため、卒業前の時期に、卒業予定の留学生を対象にリマインド通知を行うことや、帰国前オリエンテーションを開催することを検討します。具体的には以下の点とあわせて周知しておくことが考えられます。

なお、学期の途中で卒業、休学、退学、除籍となる留学生については、

表 7-1　帰国前のチェックリストの例

☐ 卒業後の進路と連絡先を大学に連絡する。
☐ 卒業後、帰国する場合は、速やかに日本を離れる。帰国時に空港で在留カードを返納する。
☐ 大量破壊兵器の開発につながる、外為法での規制技術を日本国外へ持ち出さない。
☐ アパートや寮を退去する1カ月前までを目安に、家主・不動産会社に連絡する。
☐ 銀行口座、クレジットカード、住宅保険、電気、ガス、水道、携帯電話、インターネット、NHK、大学生協を解約し、精算する。
☐ 市区町村にて転出届を提出し、国民健康保険・国民年金を脱退・精算する。マイナンバーカードを返却する。

出所　筆者作成

これらの点を個別に指導しておく必要があります。

3　在留にかかわる手続きを行う

(1)　在留期間には更新の手続きが求められる

　留学生は在留期間の満了日までに、期間更新手続きを行わなければなりません。手続きは満了日の3カ月前から申請することができます。
　必要なものは、在留期間更新許可申請書、写真1枚、パスポート、在留カード、在学証明書、成績証明書、返信用封筒、手数料です。申請書のうち、所属機関作成用のページは大学が作成します。これら提出書類は大学のこれまでの留学生受け入れにかかわる実績や、出入国在留管理庁の指定する国・地域の出身であるかどうかによって異なるため、出入国在留管理庁の指示にしたがって準備します。期間更新が許可されれば、新たな在留カードが交付されます。
　大学が進級や進学を認めたとしても、修得単位数が著しく少なかったり、成績不振が続いたり、さらに資格外活動での違反歴があったりすれば、更新が不許可となることがあります。不許可になると、留学生は日本に滞在することができないため、一度帰国したうえで、再び在留資格を取得しなければなりません。この場合、帰国した留学生が、授業出席などのために「短期滞在」の在留資格で再渡日してしまうことがあります。在留資格「留学」を再取得して再渡日するよう帰国前に指導しておく必要があります。

(2)　留学生の就労に注意する

　留学生の就労については、注意しなければならない点が3つあります。具体的には、資格外活動許可を取得すること、どの曜日から数えても週28時間（長期休暇中は週40時間以内）を超えてはいけないこと、風俗営業等の規制及び業務の適正化等に関する法律に抵触する仕事をしてはい

けないことです。これらに違反した場合、在留期間更新時や在留資格変更時に、出入国在留管理庁で滞在費支弁や収入に関する複数の書類を追加で求められるほか、審査において不利な扱いを受ける可能性があります。また、アルバイトの程度を超えて本業の報酬目的の活動とみなされた場合は、在留資格が取り消され、帰国しなければなりません。

　留学生の資格外活動に関する例外的な取り扱いとしては、まず、大学の長期休業期間中があげられるでしょう。週28時間を超えて1日8時間、週40時間まで働くことができます。アルバイト先が大学の長期休業期間の説明を求めることがありますが、その場合は学年暦や授業日程表を示せばよいでしょう。次に、大学で**ティーチングアシスタント***やリサーチアシスタントに従事する場合は、留学にかかわる活動とみなされ、資格外活動許可の取得は不要です。ただし、学内であっても単純労働に該当するような業務の場合は、短時間のものであっても資格外活動許可を取得しておくことが望ましいでしょう。

　資格外活動許可申請に必要な書類は、資格外活動許可申請書、在留カード、パスポート、学生証、成績証明証、アルバイトの契約書です。日本入国時の上陸許可後に資格外活動許可の申請を行うこともできます。資格外活動許可が認められると、在留カードの裏面の「資格外活動許可欄」に許可の旨が記載されます。

　なお、国費留学生は、日本政府から生活費として給与（奨学金）が支

給されています。資格外活動許可を得て貯金などを目的としたアルバイトをすることは本来の趣旨から外れていると考えることもできるでしょう。しかし、制度上で国費留学生の資格外活動許可取得が禁止されているわけではありません。現状は、取得を自由に認めたり、学業に資する内容のものに限って認めたりする大学や、反対に禁止している大学もあるなど、対応が分かれています。

　就労にかかわる制度について留学生が十分に理解していないこともあるため、受入時のオリエンテーションで周知するのはもちろん、留学生向けの手引きにも明記しておくようにします。時間の制約やアルバイトの内容に問題のある留学生には早期に対応するようにしましょう。

(3) 一時出国時にはみなし再入国が認められる

　在学期間＊の間、休暇中に帰省したり、または日本国外での調査研究の目的で出国し、1年以内に再入国したりする際には、再入国許可の手続きは生じません。これを、みなし再入国許可とよびます。ただし、みなし再入国許可を希望する場合には、出国審査の際に提出する再入国出国カードの「みなし再入国による出国を希望します」の欄にチェックを入れるようにします。なお、休学のため1年以上日本を離れる場合は、在留資格「留学」を一度放棄し、復学時に改めて取得しなければなりません。

(4) 留学生が家族をよび寄せる

　留学生が家族を日本へよび寄せる場合、家族は「家族滞在」の在留資格で滞在することができます。ただし、配偶者と子に限定されるので注意しましょう。その際は、留学生自身が地方出入国在留管理局で在留資格認定証明書の交付申請を行います。必要書類は、在留資格認定証明書交付申請書、写真、返信用封筒、留学生と家族との身分関係を証明する結婚証明書や出生証明書、在留カード、パスポート、扶養者の職業及び収入を証明する預金残高証明書などです。

出入国在留管理庁での審査にあたっては職業及び収入を証明する書類が重要で、留学生に家族の日本滞在経費の支弁能力があるかがポイントとされています。そのため、資格外活動のアルバイト収入で扶養を計画すると、許可される可能性が低くなります。在留資格「家族滞在」で滞在する者も資格外活動許可の取得により、アルバイトをすることが可能です。なお、滞在期間が3カ月未満の場合は、「短期滞在」の在留資格で滞在することもできるでしょう。

(5)　就職時には在留資格の変更が必要となる

　留学生が卒業後も、引き続き日本に滞在する場合は、在留資格「留学」を変更しなければなりません。まず、企業へ就職する場合は、在留資格「技術・人文知識・国際業務」に変更するのが一般的です。この在留資格では、原則として大学で学んだ専門知識を用いた業務に就くことが求められます。この変更において本人が準備する書類は、在留資格変更許可申請書、在留カード、パスポート、写真、履歴書、**卒業証明書**＊または卒業見込証明書です。これらに加え、就職先企業等が、機関等作成用の変更許可申請書、労働条件を明記した文書、登記事項証明書、決算報告書、会社案内等を準備する必要があります。企業の事業規模によって一部の提出書類が簡素化できるため、留学生は就職先会社に事前に確認しておく必要があります。

　留学生が卒業後も日本に滞在して就職活動を続ける場合、あるいは卒業時に就職先が内定し勤務開始まで日本に滞在する場合は、在留資格「特定活動」へ変更しなければなりません。必要書類は、在留資格変更許可申請書、在留カード、パスポート、写真、在留中の経費支弁能力証明書類、卒業証明書、継続就職活動を証明する企業説明会案内等の資料、卒業大学作成の推薦状です。このうち、最後の書類が重要で、大学は卒業した留学生の在留管理を引き続いて行う義務が生じるため、在学中の修学状況等から大学が責任を負うことができると判断した留学生に限って推薦状を発行するようにします。在留資格の変更が許可されたら新た

な在留カードが交付されます。変更後の許可期間は6カ月であり、1度だけ更新できます。

4 在籍管理を行う

(1) 留学生の在籍管理とは

　大学には留学生が自大学に在籍し、適切に履修などを行っているかを把握する必要があります。受け入れている大学の責任であるとともに、国への報告を行わなければならないからです。これには、多くの留学生が所在不明とされたような事案が実際に発生したという背景があります。こうした事案を受けて、文部科学省と出入国在留管理庁が、留学生の在籍管理の徹底に関する新たな対応方針を定めました。

　さらに地方出入国在留管理局は、管轄地域内の各教育機関の留学生の在籍管理状況を確認し、毎年1回その結果を通知しています。適正校（クラスⅠ）、適正校（クラスⅡ）、**慎重審査対象校**＊、新規校の4つのカテゴリーがあります。標準である適正校（クラスⅡ）の選定条件は、問題在籍者の割合が5％以下、入管法第19条の17に基づく入管への届出を行い在籍管理状況に問題がない、在籍管理上不適切と認められる事情がない、の3点であり、1つでも満たさないと慎重審査対象校の判定を受けることとなります。問題在籍者は、在留期間更新の不許可、資格外活動許可の取消、不法残留、在留資格の取消、退去強制令書の発付のいずれかに該当した外国人と定義されており、留学生についてはこの順番で問題在籍者となる傾向にあります。留学生の在籍者数が19人以下の大学は、問題在籍者が1人でも発生すると慎重審査対象校となってしまうことから注意が必要です。

　これとは別に文部科学省は、毎年5月1日の留学生数に対する、4月から翌年3月までの1年間の退学者、除籍者、所在不明者の割合が5％を超える大学と高等専門学校を、改善指導対象校として指定、通知した

うえで公表します。こちらでも留学生の在籍者数が19人以下の大学などは、退学者などが1人でも発生すると改善指導対象校となってしまいます。3年連続で改善指導対象校となると、在籍管理非適正校として指定、公表され、その後通算で3回適正の通知を受けるまで解除されません。

　出入国在留管理庁は、慎重審査対象校の留学生に対しては、在留資格認定証明書の交付申請や期間更新の手続きにおいて慎重な審査を行います。留学生は経費支弁に関する証明書など多くの追加書類の提出が求められ、付与される在留期間が短くなるなど不利な扱いを受けます。また、3年連続で慎重対象審査校となった機関は、留学生の受入れができなくなります。各大学が問題在籍者を発生させないために実施することが望ましいことを5点あげておきます。留学生に対してアルバイトの指導を徹底すること、在留期限前の期間更新を徹底させること、成績不振者や不登校者を丁寧にサポートすること、入学前に在学期間中の学費や生活費を賄うだけの経費支弁能力があるかを確認すること、卒業・退学・除籍後の早期帰国の指導を徹底することです。

(2) 留学生数を把握する

　在籍管理においてまず重要になるのが留学生の人数です。毎年、文部科学省が実施する**学校基本調査**＊と、日本学生支援機構が実施する留学生調査のうち**外国人留学生在籍状況調査**＊においては、5月1日現在の留学生数を報告することとなっています。

　各種統計調査において留学生数を報告する際は、在留資格「留学」を保有する学生のみを計上するのが基本です。実際に文部科学省や出入国在留管理庁などに報告を要する場合には、ある時点における、在留資格「留学」を保有する留学生数を伝えることになるでしょう。

　ただ、調査の時期や調査を行う部署によって認識が異なることがある点に注意します。たとえば、在留資格「留学」を保有している非正規生の扱いをどうするかによって、数が変わることがあります。実際に、同

じ大学であるにもかかわらず、資料によって留学生数が異なっていることがあります。算出の対象となる留学生についての認識を関係者間で揃えておくことが大切です。また、在留資格「留学」以外の在留資格を保有している外国人学生を誤って留学生として算入することで、数が変わることにも注意しましょう。

(3) 成績や出席状況を点検する

　長期留学中は、さまざまな要因で学業がうまく進められなくなる学生がいるかもしれません。授業についていけなくなる、アルバイトや部活動など授業以外の活動ばかりに時間をとられる、心身に不調をきたしてしまうなどの理由で成績や出席状況に問題が生じることが考えられます。国内学生と違い、留学生は休学や留年によって在留資格が失われる可能性もあることから、成績や出席状況の定期的な確認は、授業担当教員や受け入れ教員にだけ委ねるのではなく、組織的に行うべきものともいえるでしょう。また、文部科学省や出入国在留管理庁に在籍状況を定期的に報告する必要もあることからも各大学での点検は欠かせません。

　これまで多くの留学生を受け入れてきた大学であれば、ある時点での修得単位数や成績などのデータから、その後の学習の進み具合を予測できるでしょう。いくつかの時期ごとに設けた基準を下回る留学生がいれば、担当者や受け入れ教員でその対応を検討します。会議で報告して自大学の留学生の学習の動向を全体で共有することもできるはずです。過去の留学生のデータが十分に無ければ、ほかの大学の関係者にヒアリングを行うなどして目安を定めるようにするとよいでしょう。留学生の支援に関する研修の場などはそうした情報交換を行える機会となります。

(4) 在籍管理を効率的に行う

　留学生は3カ月以上学業に従事しないと不法滞在の扱いになってしまいます。各大学の留学生担当者はそうした事態を防ぐため従来から対応に苦慮してきました。法令に基づき日本語教育機関が行っている毎日の

> ### コラム　もっとも気をつかった留学生業務
>
> 　留学生業務を担当した間、担当者としてもっとも気をつかった業務の1つは、留学生の退学・除籍処分でした。出入国在留管理庁は、大学を卒業した留学生はもちろんのこと、退学や除籍とした留学生についても大学が責任をもって帰国させることを求めている一方で、退学や除籍となった留学生は不法残留となる傾向にあるためです。
> 　長期欠席を続ける留学生が退学や除籍とならないよう、本章で述べたような点検のほかに、指導教員や生活指導担当者らによる丁寧な指導を行う必要があります。この前提として、複数の手段で留学生と連絡が取れるようにしておきましょう。また、指導にあたっては記録を残しておくことが望ましいです。指導を続けたにもかかわらず長期欠席が改善しない場合は、次の手段として休学させたうえで一時帰国させることを検討します。特に、心身の不調や病気が長期欠席の理由の場合は、母国での療養が有効となることが多いです。
> 　授業料を支払いながらも長期欠席を続ける留学生については、在留資格「留学」に合った活動をしていないこととなり、不法就労・不法滞在につながりうるため、注意が必要です。指導や一時帰国をしても改善しない場合は、退学・除籍処分を検討します。ただし、退学・除籍処分は最後の手段と考えておくようにしましょう。また、退学・除籍処分とした場合は、留学生に速やかに帰国するよう指導し、帰国したら大学に連絡させるようにします。そのうえで、文部科学省と地方出入国在留管理局へ届出を行います。

　出席確認も1つの手段です。しかし、一般学生も出席する授業において、留学生の出席だけを確認することは現実的ではありません。そのため、学習奨励費受給者や国費留学生のように、窓口で毎月の在籍確認を行う大学もあります。連絡の取れない留学生に対しては、友人や留学生どうしのネットワークを使って連絡をとる、出身国の家族に連絡する、さらにアルバイト先に連絡する、本人の下宿先を訪問するという対応も検討できるでしょう。こうしてまずは留学生と連絡が取れる状態を確保することが大事です。

　在籍管理に係る事務的負担を軽減する方策として、留学生が既存の学生支援システム上でワンストップ手続きを行えるようにし、在留資格に関する情報も一元的に管理することが考えられます。在留期間の有効期

限前に留学生、指導教員、留学生担当者に自動的にリマインドを送るようなシステムを取り入れている大学もあります。

　また、在籍管理を含む在留資格認定証明書交付申請の代理申請を、専門家である行政書士へ委託することも事務負担の軽減となるでしょう。ただし、システム構築や行政書士への委託にも、制度設計や書類チェックなどでの手間がかかるうえ、相応の費用も発生します。大学によっては、寄付金や補助金を活用することで費用面の課題を解決し、導入を実現しています。

　在留資格にかかわる制度や諸手続きについては、今後も変更されることが予想されます。出入国在留管理庁のウェブサイトや国からの通知などを参照して、随時最新の情報を確認することが求められます。

(5)　学外と連携して理解を深める

　学外の団体や機関と連携して、留学生や担当者の在籍管理に関する知識や意識を高めることも検討しましょう。東京都では都が主導で警視庁、東京出入国在留管理局等と協議会を立ち上げて、定期的に講習会を開催しているほか、留学生の生活指導手引を作成しています（東京都・留学生の違法活動防止のための連絡協議会 2020）。また、大都市圏以外でも、通常各県の国立大学に事務局を置く留学生等交流推進会議に働きかけて、地方出入国管理局や管轄警察署による講習会や講演会を開催することもできるでしょう。大学によっては管轄警察署と連携して留学生向けに法令遵守講習会を開催したり、管轄警察署と留学生支援のための覚書を締結したり連絡協議会を設置して定期的に情報交換を行っているところもあります。

第8章　留学生の募集と受け入れ

1　入学希望者を増やす

(1)　留学生の受け入れの目的を考える

　ほとんどの大学は、すでに留学生を受け入れており、今後さらに多くの留学生を受け入れる必要があると考えています。そのため、留学生を増やす方法ばかり議論され、なぜ留学生を受け入れたいのかという重要な問いは見落とされがちです。

　どのような目的で、どのような留学生を受け入れたいのかを関係者間で共有しておくべきでしょう。なぜなら、どのような出願資格・要件を設けるべきか、どのような基準や方法で審査を行うべきか、そしてどのように広報活動を行うべきかなどは、各大学の留学生を受け入れる目的や趣旨によって異なるからです。

　さまざまな視点から留学生を受け入れる目的を定めることができます。まず考えられるのは、多様な人々と関わり合える教育の場としての目的です。研究拠点としての発展を期待して大学院生などを受け入れることもあるでしょう。外国人材に対する地域や社会のニーズに応えるためという考え方もありえます。場合によっては定員を充足させるためということもあるかもしれません。

　自分の大学の留学生受け入れの目的や趣旨が明確でない場合には、関係教職員の間で話し合い、整理してみましょう。何にどのくらいの資源を割くことができるのかも並行して確認するとさらによいでしょう。

(2) 募集と審査の方法を検討する

　留学生受け入れの目的や趣旨を明確にできたら、そのためにどのように募集や審査を行うのかを検討します。すでに留学生向けの入試を実施している場合は、実際にどのような入学希望者や入学者が集まっているのかを確認し、留学生受け入れの目的や趣旨と合致しているか、改善できる点はないかを検証しましょう。多様な国から受け入れたいのに特定の国の留学生しか受け入れていない、海外在住者からの出願希望が多いにもかかわらず出願書類の郵送や検定料の支払いは日本国内からしか認めていないなどの課題が見つかるかもしれません。

　これまで受け入れた留学生の修学状況や卒業後の**キャリア***などの情報も参照すると、募集や審査を行う際に着目する観点や学生の受け入れ判定基準の見直しにつながります。

(3) 募集要項や広報資料を準備する

　募集や審査の方法が固まったら、募集要項や広報資料を作成または更新します。**教授言語***によっては、英語で作成する必要があるかもしれません。いずれにしても、多くの留学生にとって日本語や英語は第二言語であること、第二言語である以上は、第一言語と同じように理解することは困難であることを考慮して、わかりやすい表現を心がけたいものです。

　パンフレットや冊子などの紙媒体は日本留学フェアや説明会で配付できるので便利ですが、より効果的なのはウェブ媒体でしょう。出願方法と審査方法、授業料免除や**奨学金***、寮、進路や就職状況、先輩留学生のインタビューなど、留学生が知りたい情報をまとめた留学生向けの特設サイトを用意できれば、留学生を大切にしているというメッセージにもなります。

(4) 広報活動を展開する

　募集要項や広報資料の準備ができたら、広報活動を行います。世界中から留学生を集めなければならないと思うと、何をすればよいのかわからなくなるかもしれません。しかし、留学生受け入れの目的や趣旨を基にターゲットを絞れば、限られた予算や人員でも一定規模の学生募集は十分に可能です。

　たとえば、ターゲットがすでに高い日本語能力を有していて、日本の大学への進学を強く希望している留学生であれば、海外で開催される日本留学フェアへの参加や現地の高校訪問の重要性は高くありません。日本国内やオンラインで開催される説明会に参加したり、受入実績のある日本語学校を訪問したりするほうが効果的でしょう。留学斡旋業者に依頼して手配することもできますし、出願・進学実績のある日本語学校なら、大学が希望すれば、快く説明会の開催を引き受けてくれるはずです。もちろん、十分な予算があれば、日本留学の情報をまとめた有料ポータルサイトに大学の情報を掲載したり、広告を出したりしてもよいでしょう。他方、教授言語が英語のプログラムを探している留学生がターゲットの場合は、海外で開催される日本留学フェアや現地の高校訪問が重要となることもあります。提供する**カリキュラム***、ターゲットなどを考慮して適切な機会や媒体で広報活動を展開するようにしましょう。

(5) 留学希望者や日本語学校と関係を構築する

　留学生も、日本語学校や留学斡旋業者も、大学が発信する正確な情報や新しい情報を求めています。たとえば、留学生向け入試の配点や出願基準点の公表は、大学がどのような留学生を受け入れたいと考えているのかを伝える機会にもなります。前年度の受験者や合格者の数、合格者の最高点・最低点なども留学希望者の参考になるでしょう。具体的な数字の公開が難しい場合でも、たとえば、過去5年間の合格者のおおよその平均人数や平均点などの公開を検討してみてもよいかもしれません。

1年に1度でも、オンラインであっても、留学希望者や日本語学校の進路指導担当者などと顔を合わせて、前年度の結果や傾向、次年度に向けた変更点、その学校から入学した学生の近況などを伝えられると、留学生はより安心して受験に臨めます。大学にとっても、現場の生の声やニーズを知る貴重な機会となるはずです。

2　留学生向け入試を企画する

(1)　募集人員を設定する

　募集人員に関する検討事項として、定員を定めるかどうかがあげられます。定員を定めず若干名での募集とすれば、募集や審査において裁量をもつことができる一方で、留学生や日本語学校には透明性が低い印象を与えることになるでしょう。
　かといって、一概に定員を定めればよいとも言い切れません。定員の枠が小さいと若干名で募集するよりもハードルが高く見えてしまう可能性がありますし、留学生向け入試単体で定員を設定すると、受験者数が定員を下回らない限り、少なくとも定員と同数の合格者を出すことが求められます。定員を超える合格者を出す時も、過去の歩留まりや、学部や大学院単位の定員充足状況を見て判断しなければならないのも悩ましいところです。そのため、国内学生向けのほかの入試と併せて定員を設定している大学もあります。
　定員を定めるかは各大学の判断次第ですが、受け入れの規模を留学生が把握できるように、過去の受験者数に加えて、合格者数と入学者数も公表できるとよいでしょう。

(2)　出願資格や出願要件を設定する

　出願資格や出願要件を設定する際には、どのような学生に出願してほしいのかを踏まえ、どこまで出願を認めるのかを検討します。たとえば、

他国の教育制度の下で教育を受けたことを重視する場合はどうでしょう。外国籍と日本国籍を有する重国籍者でも外国で教育を受けていれば出願を認めるかもしれません。一方で外国籍を有する者でも一定以上の期間や特定の時期の教育を日本国内で受けている場合には出願を認めないという判断もあり得ます。**在留資格**＊についても同様です。家族滞在や日本人の配偶者など、留学以外の在留資格を有する者でも出願を認める大学もあれば、留学の在留資格を有する者のみに出願を認める大学もあるでしょう。

　ほかにも、受験生の学力や語学力を担保するために、特定の試験の受験や、それらの試験で一定以上の成績を得ていることを出願要件にしていたり、留学に必要な経済的基盤の証明を求めたりする大学があります。また、大学に来学することなく出願から合格通知まで完了する**渡日前入試制度**＊についても、海外在住者のみに出願を認める大学もあれば、すでに日本に入国している者にも出願を認める大学もあります。

　人の移動や交流が盛んな現代では、学生が受けてきた教育、学生やその家族のルーツなどは実に多様となっていることから、それらに配慮することが求められています。そのため、たとえば帰国生入試をはじめとした自大学のほかの入試制度との整合性も図られるべきでしょう。

(3) 選抜方法を決定する

　選抜方法を決めるにあたっては、どのように受験生の知識や能力、適性などを確認するのかなどを定めます。教授言語が日本語のプログラムでは、受験できる国・地域が限定されている日本留学試験や各学部・大学院がキャンパスで実施する学科試験といった、同じ試験を全受験者に課すことが多いようです。大学は全員を同じ物差しで比較できるため、合否判定をしやすくなるからです。しかし、主に日本語能力を理由に、受験者や合格者がどうしても東アジアの一部の国に集中してしまうため、多様な国からの留学生を受け入れることは困難になります。

　一方、教授言語が英語のプログラムでは、**国際バカロレア**＊や国際Ａ

表 8-1　検討事項の例

- 全受験者に同じ試験を課すのか、多様な試験を認めるのか
- 日本留学試験や語学試験などについて、何年前の成績まで認めるのか
- 日本語が苦手な学生に英語でも問題を用意したり、英語による回答を認めたりするのか
- 入試のために来学を全員に求めるのか、オンラインでも受験できるようにするのか

出所　筆者作成

レベルなどの国際的な資格や各国の統一試験を認めたり、渡日前入試制度により書類審査やオンラインで現地から受験できたりすることが一般的です。この場合、多様な国からの受験生が集まりやすくはなりますが、異なる教育制度で学んできた多様な学生たちを比較することになるため、合格者を決定するプロセスは複雑になってしまいます。

なお、渡日前入試においても、書類審査以外にオンラインで面接を行う、オンライン接続状態で筆記試験をする、締切の厳しい小論文課題を出すなど、個別学力検査を実施することは大学の工夫次第で可能です。

(4) スケジュールや出願方法を決定する

教授言語が日本語のプログラムは春入学、英語のプログラムは**秋入学***が一般的です。プログラムの入学時期から逆算して入試スケジュールを決めます。特定の国や地域をターゲットにしたり、特定の資格試験や統一試験などを課したりする場合には、その国や地域の学年暦や、その試験の実施時期も考慮しましょう。海外在住者の出願を前提とする場合は、**ビザ***の取得手続きに必要な時間も踏まえて合格発表日を設定します。

出願方法については、オンラインか郵送かを決めます。大学と志願者双方にかかる手間や、世界情勢などにより郵便が停止・遅延する可能性を考えると、オンラインで完結するのが望ましいでしょう。受験者が少ないとウェブ出願システムの導入は費用対効果の面から難しいかもしれませんが、ウェブ出願専用に開発されたシステムを使わなくても、手続きをオンライン化することは可能です。学内に導入されている既存のシステムなどを使って、志願者が**個人情報***を入力したり提出書類をアッ

プロードできたりする仕組みを構築している大学もあります。

　なお、日本ではウェブ出願を取り入れても、引き続き出願時に書類の原本の提出を求める大学がほとんどですが、これは海外では必ずしもあたりまえではありません。学歴証明のデジタル化が進んでいる国もありますし、原本の提出を求める場合も、出願時は電子コピーをオンラインで提出し、合格者にのみ入学手続きの際などに原本を提出してもらう方法もあります。

(5)　支払い方法を検討する

　海外からの出願を認める場合は、クレジットカード払いや海外送金など、入学検定料や入学金の支払い方法の検討も忘れてはなりません。海外からの出願を認めても、日本国内からの支払いしか認めない大学もあります。代理人による立替払いは留学生と代理人の双方の負担が大きいため避けたいところです。

　現在では、留学生がもっとも安い為替レートで現地通貨により現地国内の振込手数料で支払えるサービスを提供している企業もあります。大学には通常2〜3日以内に日本円で着金するようなサービスです。留学生がすでに日本国内に居住している場合でも、経費支弁者は海外に住んでいることが多いものです。そのため、海外の経費支弁者が直接、迅速かつ円滑に学費を支払える仕組みの導入は、留学生と大学の双方にメリットがあるでしょう。すでに日本語学校などを中心に導入が進みつつあります。

3　留学生向け入試を実施する

(1)　出願資格の有無を確認する

　出願書類が届いたら、願書にある学歴の記載内容や**卒業証明書**＊などの提出書類を確認し、出願資格の有無を判断します。どの資格証明書が

適切かわからない時は、大学入試センターが毎年発行している「大学入学共通テスト受験案内」の「出願資格と証明書類」を確認するのがおすすめです。その国の教育制度について知りたければ、まずは高等教育資格認証情報センター（NIC-Japan）の「外国の教育制度について」と文部科学省の「大学入学資格ガイド」を参照するとよいでしょう。また、受験生が卒業または在籍している学校が、現地で正規の教育課程に位置づけられているかを確認する場合には、当該学校に正規の教育課程である旨を証明する書類の提出を求めるか、それぞれの国の在日大使館に問い合わせます。

　出願資格を有さないと判断した受験者には、速やかにその旨を判断理由とともに伝え、必要に応じて入学検定料の返還手続きを案内しなければなりません。出願資格を有すると判断した受験生については、審査に進みます。

(2) 合格者を決定する

　あらかじめ決めておいた審査方法により審査を行います。ほとんどの大学では、全員に同じ試験を課すことで同一の物差しでの比較を可能にし、試験の点数の高い順に合格としています。国内学生向けの入試も基本的には同じ考え方で実施しています。厳格な定員の管理が求められる以上は仕方のないことであり、透明性の担保という意味では、もっとも適切な方法かもしれません。しかし、この方法では、合否判定までの時間がかかってしまい、その間に出願した学生がほかの大学に入学を決めてしまうことが起こります。また、日本語のプログラムでの合格者が漢字圏の国に集中してしまったり、英語のプログラムにおいて要求する国際バカロレアの成績が世界トップレベルの大学よりも高くなったりしてしまうという課題もあります。

　それでは、ほかにどんな方法があるでしょうか。1つは、受験生に同じ試験を受けることは求めず、大学が、異なる試験の成績を何らかの根拠に基づいて換算し比較するという方法です。独自の換算表を作って、

異なる国際的な資格試験の成績を比較したり、ある国の統一試験と別の国の大学入学試験の成績を比較したりする大学もあります。

　国や地域など同じ物差しを使える範囲ごとにあらかじめ合格者の枠を設定しておき、それぞれの枠の中で選抜する方法もあります。学内の合意形成に時間がかかる方法かもしれませんが、日本でも、この方法で多様な国からの留学生を受け入れている大学があります。

　いずれにしても、優秀な留学生や多様な国の留学生を受け入れていきたいのであれば、これまでのように留学生に日本の大学のやり方に合わせてもらうだけでは不十分でしょう。大学の方からも歩み寄り、留学生のニーズや海外の大学入試の実施状況に合致した受験方法や受け入れ方法を模索していく必要があるでしょう。

　審査が終了したら、**教授会**＊をはじめとした所定の会議で審議・了承を得て学長に上申し、学長が合格者を決定します。それから、合格発表に向けて、合格通知書や入学手続き書類の準備を進めます。

(3) 合格発表と入学手続きを行う

　ウェブサイトなどで合格発表を行い、合格者に対しては入学手続きの案内を始めます。合格通知書と入学手続き書類を郵送し、期限までの入学金の振り込みと入学手続き書類の返送をもって、入学許可書を発行する大学が多いようです。

　なお、出願時に書類の電子コピーのみの提出を求めていた場合には、入学手続き書類と一緒に原本を提出してもらい、大学で原本確認を行った後に入学許可書を発行しなければなりません。入学手続き書類提出の段階で卒業が決まっていない者や大学入学資格試験などの結果が出ていない者については、提出期限を別途設定し、卒業証明書や試験結果通知書の確認後に発行します。入学許可書の発行をもって入学手続きが完了した時点で、合格者は入学予定者となります。

4　渡日や入学を支援する

(1)　渡日までに必要な手続きの案内を行う

　入学予定者となった者が、入学して新しい生活を始めるまでにしなければならないことは山積みです。その見通しを立てられるように、必要な手続きや費用などについて案内しましょう。

　海外在住者が渡日前に行うべきことを明確に伝えるようにします。ビザの申請や住居の確保、飛行機の予約などが最低限求められることとなります。多くの大学では、渡日前に必要な手続きをチェックリストとして示していたり、ウェブサイトで丁寧な説明を行ったりしています。こうした情報提供の中に、渡日や入学直後に行うべき手続きについても記しておくことで、事前の準備を促すこともできるでしょう。

　在留資格について、大学が在留資格認定証明書の代理申請を行う場合は、申請書（所属機関等作成用）を作成するとともに、入学予定者に申請書（申請人等作成用）などの提出を依頼します。手引きや記入例などを提供し、在留資格認定証明書やビザが交付されるかは出入国在留管理庁や在外公館の判断になることを伝えて、本人が自覚をもって必要書類を用意するよう促しましょう。なお、入学予定者が日本在住であれば、大学は入学許可書と在留期間更新・在留資格変更申請書（所属機関等作成用）を交付するだけで、あとは本人が手続きを行うことができます。

　海外在住者が、渡日前に自分で適切な住居を見つけて契約することはなかなか困難なものです。寮などの部屋を提供できる場合には、海外から新たに渡日する留学生を優先して部屋を確保しておきましょう。場所、費用、施設の情報に加えて、入居の審査を行う場合にはどのタイミングで行うのかもできる限り早めに知らせるようにします。民間の宿舎を借り上げて留学生の宿舎としている大学もあります。すべての申請が採択されるわけではありませんが、日本学生支援機構が借り上げ費用の一部

を補助する制度を毎年募集しています。留学生が自分で入居先を見つける必要がある場合は、日本における住居探しの要点や、敷金と礼金、保証人、守るべきルールなどについて伝えます。

　空港での出迎えは必ずしも求められるものではありませんが、学生チューターや旅行会社による出迎えを手配する大学もあります。空港での出迎えを行わない場合も、本人が安心して宿泊施設に向かえるよう、空港からのアクセス方法や金額の目安などの情報をあらかじめ提供しておくとよいでしょう。

(2)　支援の範囲や方法を明示する

　留学生が新しい生活を円滑に始めるためには、限られた時間でさまざまな手続きを行わなければなりません。英語プログラムの学生はもちろん、日本語が流暢な学生であっても、１人での手続きは大変です。どこまで支援するかは、大学の考え方次第です。とはいえ、留学生が１人で手続きを行う場合でも、いつまでにどこで何をしなければならないのか、そのために何を用意する必要があるのかは伝えるべきでしょう。そのため、留学生の学内外での必要な手続きに付き添う学生チューターを配置する大学が多いようです。在学中の先輩の留学生の協力を得るのも有効です。なお、学生が支援にあたる場合には、支援者である学生自身が諸手続きに詳しいとは限らないため、支援にあたる学生向けの事前オリエンテーションの開催や、マニュアルの配付が求められます。

　大学院生を中心に、渡日時に家族の同伴を希望する留学生もいます。家族分の在留資格認定証明書の代理申請や家族用の住居の手配、渡日後の支援も含め、家族への対応・サポートを組織としてどこまで行うか、学内で前もって決めます。これらの情報をウェブサイトに掲載するなど、留学生が事前に把握できるようにしておくとよいでしょう。

(3)　学内での手続きを行う

　学内での手続きには、学生証の交付、履修登録などの手続きに関する

説明と必要書類の配付、学内システムへのログイン情報やメールアカウントの発行などがあります。

さらに、大学には留学生の在籍状況を出入国在留管理庁や文部科学省に報告する責任があることを説明し、在留カードの情報の提出を求めなければなりません。その際、住居変更や在留期限の更新といった、在留カードの記載事項に変更が生じた場合には再度提出するように伝えておきます。

ほかにも、奨学金や授業料免除の申請手続き、健康診断や学生教育研究災害傷害保険（学研災）などの保険制度の案内、学割証の発行（正規生の場合）、アルバイトなど学生生活に関する情報や緊急時の対応、相談窓口などの情報があります。伝えるべき内容は基本的に国内学生と同じですが、言語や文化的背景の違いを考慮しながら伝えるようにしましょう。

(4) 学外での手続きを支援する

学外での手続きとしては、最初に、居住地の市区町村に在留カードを持参して住民登録を行うように伝えます。主要空港以外の空港から入国し、在留カードが手元にない場合には、パスポートを持参します。日本に3カ月以上滞在予定の者は、渡日後に住所が定まってから14日以内に住民登録を行わなければいけません。速やかな登録を促すとともに、国民健康保険と国民年金（20歳未満は不要）への加入手続も同時に行うように案内します。なお、国民年金の納付免除や納付猶予を申請する場合には、学生証が必要です。

市区町村での手続きが完了すると、後日、マイナンバーの通知カードが郵送されるので、受け取って保管するよう伝えます。主要空港以外の空港から入国した場合は、届出住所に在留カードが郵送されます。

(5) 生活環境を整える

次に、銀行口座の開設です。預金・送金、奨学金の受給、公共料金の

自動振替、クレジットカードの利用などのために、住民登録完了後、速やかに開設手続きを行うように伝えます。銀行口座の開設には印鑑と在留カードなどの身分や居住地を証明するものが必要です。印鑑の代わりにサインを認める銀行もあります。なお、文部科学省や日本学生支援機構の奨学金を受給する場合は、ゆうちょ銀行に口座を開設しなければなりません。また、入国後6カ月未満の留学生は非居住者となり、多くの金融機関では国内送金でも原則として国際送金扱いとなり取扱場所や送金料金に注意を要するため、詳細を確認するように伝えます。

　スマートフォンの購入には、銀行口座を開設したうえで、銀行通帳、届出印、在留カードまたは住民票の写し、パスポートなどが必要です。SIMカードのみを購入し、海外から持参した携帯端末を利用する方法もあります。さまざまな機種や料金プランがあるため、契約内容を十分に理解したうえでの購入を勧めます。また、バスや電車の利用にあたり、チャージ式の交通系ICカードの購入を勧めるとよいでしょう。

(6) 寮や宿舎に受け入れる

　大学が管理運営する寮や宿舎は、留学生の住居として重要な選択肢となります。一般の賃貸物件とは異なり、敷金や礼金がかからないところが多いこと、比較的安価な費用で生活できること、基本的な家電や家具などがそろっていること、連帯保証人が不要なことなど、留学生が学習に専念できる環境が準備されているといえます。近年では、留学生専用の寮や宿舎だけでなく、従来日本人学生を対象にしてきた寮や宿舎に留学生を受け入れることも増えてきました。留学生と日本人学生が生活を共にすることで、異文化理解を深める**国際寮***の設置も行われています。単なる住居でなく、学習の場としての機能も認められるようになってきています。

　寮や宿舎での生活における大きな意義にほかの学生とのかかわりが深くなる点があげられます。そこで、そうした意義をより大きくするための仕組みが望まれます。たとえば、日本人学生を**レジデント・アシスタ**

ント*などとしている大学があります。レジデント・アシスタントは留学生の日本での生活について説明をしたり、困りごとの相談に乗ったりする支援者としての役割はもちろんですが、寮や宿舎での交流イベントの実施や日常的な声がけなどを通じて、留学生と他の学生の関係構築を促します。レジデント・アシスタント自身にも外国語の能力や責任感などを高める学習経験となります。多くの場合、語学の能力や成績などいくつかの条件を満たした学生をレジデント・アシスタントとして採用しています。**ボランティア***で募っている大学のほか、寮や宿舎の費用を少なくするなどの待遇を定めている大学もあります。もちろん、教職員がレジデント・アシスタントの日々の活動に対して支援にあたることは欠かせません。

表 8-2　レジデント・アシスタントの活動内容例

- 留学生の入退去時の支援
- 日常生活の相談や生活指導
- 緊急時（自然災害・火災など）の対応
- ミーティングの実施
- イベントの企画・実施
- 関係教職員や部署への定期的な報告や会議への出席

出所　筆者作成

（7）ガイダンスやオリエンテーションを実施する

　渡日時や入学時に留学生が行うべきことは多岐にわたります。できる限り学生が内容を理解し、適切に手続きなどを行うために、ガイダンスやオリエンテーションの重要性は高いでしょう。効果的に運営することで個別に対応する教職員側の負担を抑制することにもつながります。

　多くの大学で春入学であれば3月下旬ごろから4月の初めにかけて、秋入学であれば9月下旬から10月初めにかけて留学生対象のガイダンスを実施しています。在留資格やアルバイトの注意点の説明のほか、履修登録などが行われています。単なる手続きの説明に終始するだけでなく、留学生を大学に歓迎する機会としても位置づけられることもあります。たとえば、新入留学生の歓迎会や先輩留学生との懇親会をガイダンスと同じ日に行う大学もみられます。

　各種の説明や手続きを数日かけて行う大学もあります。授業開始前の日程を活用し、各担当部署が留学生に対して説明を行ったり、学内の関連施設を案内したりするものです。数日かけることで、留学生が日本での生活に適応できているか、心身に不調が生じていないかを確認することもできます。日本での大学生活に合わせていく準備期間として、こうした期間を活用することもできます。

　ガイダンスやオリエンテーションの情報はその場限りにしておかずに、撮影した動画や配付資料を電子媒体でも参照できるようにし、あとで見返せるようにしておくとよいでしょう。

　なお、ガイダンスやオリエンテーションを実施していたとしても、個別対応が不要になることはないでしょう。さまざまな事情をかかえた学生の困りごとに対応する体制はとっておかなければなりません。入学が決まった時点で、困った時にどこに相談をすればよいのかを留学生に明示するようにしましょう。

コラム　イギリスの大学入試

　20年ほど前ですが、私は高校2年生の時にイギリスに単身留学し、現地のグラマースクールでGCE A-levelによる大学受験を経験しました。2008年および2015年のA-Level試験改革で色々と制度も変わったようですが、当時のイギリスでは最大6校に出願できました。また、試験は1発勝負ではなく、2年間で3回にわたる受験機会があり、成績に満足のいかなかったモジュール（単元）は最大で2回受け直すことができました。しかも出願した大学から事前に、2科目以上でAをとることといった合格の条件が示され、その条件を満たせば、ほかの志願者の成績に関係なく合格となるため、自分に求められている成績条件を満たすことに専念できたのです。
　イギリスにも当時から大学ランキングはありましたが、大学単位というより教育・研究面における専攻分野単位の評価で、日本のように偏差値に基づいたものではありませんでした。留学先は俗にいう進学校でしたが、学生も教員も、どの大学に入学するかよりは、何を学びたいのかを重視していたように思います。少なくとも私の友人たちは、悲壮感や覚悟をもって大学入試に挑むのではなく、自分が学びたい専攻分野や自分の過去の成績を基に、驚くほど気楽に、自由に、大学選択や入試と向き合っていました。これらのことは、夏に一時帰国した際に目にした日本の友人たちの姿とともに、強烈な原体験として私の中に残っています。
　日本でも、1点刻みや一発勝負の入試を止めようという機運が高まったことがあったものの、残念ながら変わりませんでした。私は、日本の大学入試を一概に問題があるとは思っていませんが、高校生がもっと学ぶこと自体に集中できたり、大学入学後に、もっと知りたい、学びたいという気持ちになれたりするように、変わってほしいという思いは強くあります。そして、もしも日本の入試が少しずつでも変わっていく可能性があるとすれば、それは、多様な国の多様な留学生を受け入れるために国際通用性を高めていく必要がある留学生向け入試からだと思っています。時間はかかるかもしれませんが、まずは留学生向け入試が変わり、その仕組みや考え方が少しずつ社会に認められ、日本人を対象とするほかの特別選抜にも波及していくことを期待しています。

第9章 留学生の支援と危機管理

1 留学生への支援の体制を整備する

(1) 適切な時期に適切な支援を行う

　留学生へのさまざまな支援が大切であることは言うまでもないでしょう。ただ、いつ、誰が、どのような具体的な支援を行うのかは、必ずしも学内で共通理解があるとは限りません。そのため、自大学の留学生にとって重要な支援が実施されていない、支援があるのに留学生に行き届かないといった事態が生じてしまうかもしれません。

　留学生の支援の全体像を考えるうえでまず大切なのは、留学生が日本での生活に適応する異文化適応の過程を理解することです。この過程について特に著名なモデルがU字型**異文化適応曲線**＊です。ここでは、異文化適応の過程が、「ハネムーン」と称される新しい環境への期待を高くもつ段階からはじまり、「カルチャー・ショック」「回復」「適応」の4つの段階で進むと説明されます（Lysgaard 1955）。またこうしたモデルに加えて、留学生の性格、日本語能力、生活環境、留学中にかかわる人々、文化、自己効力感などが異文化適応に影響することも指摘されています（譚他 2011）。

　こうしたモデルをもとに、留学生の状況を把握することで、留学生が今どのような状態にあり、どのような声がけや支援が必要かを検討することができるはずです。

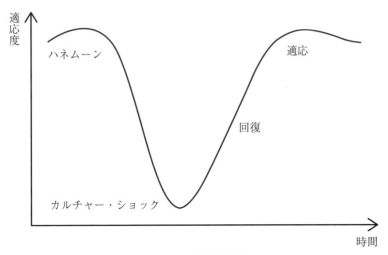

図 9-1　異文化適応曲線
出所　Lysgaard（1955）をもとに筆者作成

(2) 教職員による個別支援を提供する

　留学生が直面する課題はさまざまです。留学生ならではの課題もあれば、国内学生の抱える課題と共通するものもあります。さまざまな課題に対応するために、教職員による個別支援が中心となります。研究室、ゼミへの配属が行われている学生であれば、当該研究室の受け入れ教員などがその役割を担います。もちろん、留学生担当の教職員が担当することもあります。学習支援の担当者が行うこともあれば、カウンセラーなどの専門家が支援にあたる場面もあるでしょう。

　中には経験が少ないなどの理由で、留学生とのコミュニケーションに不安を覚える教職員もいます。そうした教職員のためにも、**FD**＊の一環として留学生対応についての研修を実施したり、ハンドブックを作成して配付したりするとよいでしょう。

　留学生に対してはどのような課題についてどのような個別支援が受けられるかの情報提供を行います。中にはそれでもどこに相談すればよいかわからない留学生もいることから、ワンストップの相談窓口を設ける

> **コラム　留学生の支援をめぐる小さな葛藤**
>
> 　大学院生の頃、ある授業で留学生とクラスを同じくしたことがあります。クラスとはいえ受講者は、私と留学生と学部の国内学生のわずか3名。日本語を教授言語として、受講生による問題演習とそれに対する教員の解説で進められる授業でした。
> 　この授業を受けていた当時、率直にいって不満を感じていました。というのも、解説のほとんどが、留学生に対するものであって、さらにその解説が授業内容に直接かかわるものではなく、日本語に関するものであったからです。演習問題の回答を留学生が発表するのですが、その日本語を教員やほかの学生が理解できなかったため、留学生が言わんとしたことを把握し、適切な日本語に言い直すのに相当な時間を要していたのです。第一言語でない言語で新たな知識を学ぶ意欲のある留学生や、それに応えて熱心に対応していた教員には頭が下がる一方、「授業内容についてもっと知りたいのに」という思いをもったことも確かです。
> 　自分が教員になったことで、こうした状況で何ができるかを考えなければならないと思うようになりました。この事例では、日本語学習のための学内の支援を紹介したり、当該授業の履修において国内学生のフォローを受けるよう提案したりできるでしょうか。一方で、支援を提案する以前に、「あなたの日本語は授業を受けるのに十分ではないから学習支援を利用してください」と伝えるのも心理的に抵抗があります。もしかしたら、シラバスに「本授業の履修に必要な日本語能力は…です」と明記しておけば、履修のための日本語能力が不十分な留学生に支援の提案がしやすくなるかもしれません。
> 　留学生と国内学生の学び合いは理念として大事だということは理解しつつも、現実にはこうした小さな葛藤がいろいろなところで生じているでしょう。留学生に対する支援においても、留学生に対する直接のアプローチだけでなく、授業を担当する教員などを介して適切に行きわたるような配慮があることが望まれます。

ことも考えられます。また、よくある相談については留学生向けのパンフレットやウェブサイトに情報を掲載するようにしましょう。

（3）学生による支援を実施する

　学生による支援の体制を整備する大学も多くあります。支援に携わる学生はチューターなどと呼ばれます。寮や宿舎では**レジデント・アシスタント***と称される学生が生活の支援にあたることもあります。学生が

学生を支援する**ピアサポート***は、支援を受ける学生のみならず、支援を行う学生自身にとっても学習の機会となることから、さまざまな大学で取り組まれています（沖 2015）。留学生の支援においてもピアサポートが活用されています（日本学生支援機構 2021b）。

　ただし、一般的なピアサポート制度とは異なり、留学生への支援では、学習のみならず生活面にかかわる支援を行う場合も多く、支援の領域に際限がなくなってしまうおそれがあります。過度な負担を支援を行う学生にかけないような制度設計にしましょう。1年間などの任期を定めたり、1カ月40時間といった時間の上限を定めて給与を支払ったりする大学もあります。また、支援の領域を明確にするために、「支援しないこと」を定めることも大切です。もし、支援が過剰になっていると判断される場合には、支援内容を見直すなど配慮すべきでしょう。

　支援に携わる学生の言語能力、支援にかかわる知識やスキルなどの基

表 9-1　支援にあたる学生向けのマニュアルの内容例

チューター制度に対する説明
チューター制度の意義
支援対象となる留学生
業務内容
渡日直後の生活支援
学内における活動の支援
生活や学習にかかわる情報提供
日本語学習にかかわる支援
帰国時の支援
チューター業務にかかわる手続き
実施期間
実施時間の上限
実施報告書の作成
謝金
留学生支援に有益な知識
カルチャー・ショック
異文化対応
異文化コミュニケーション
よくある課題とその対応策
連絡先一覧

出所　筆者作成

準をある程度は定めておくようにします。採用してから必要な知識を研修などで身につける方法もあります。支援にあたる学生のためのマニュアルには表9-1のような内容を取り入れるとよいでしょう。支援の中で困ったことを共有したり、振り返りを実施したりするために支援に携わる学生に対し、教職員が定期的な面談を行うのも有益です。

(4) 学内外と連携して支援を行う

　留学生の支援は生活面、学習面と多岐にわたるのみならず、その領域が必ずしも明確ではありません。学習がうまく進まない原因が生活状態にあることもあれば、その逆も考えられます。個別支援を主として担うはずの受け入れ教員と留学生の相性が悪く、支援が適切に実施されない状況もあります。そこで支援を提供する体制も幅広くあることが望まれます。

　学内における連携がまず大切です。留学生支援の専門スタッフが、留学生対応に悩む受け入れ教員の相談に乗ることができます。あるいはメンタルヘルスなど専門家の助言を受けやすくすることも大切です。また、留学生が心身に何らかの障害をもっている場合には、障害のある学生支援の専門家との連携も求められます。特に合理的配慮を検討する場合には、関連する教職員で相談しながら調整していかなければならないでしょう。

　学外との連携もあるでしょう。近隣の複数大学から構成される**コンソーシアム**＊の中には、留学生支援のプログラムを提供するものも多くあります。また、地方自治体がキャリア形成をはじめとした支援を実施していることもあります。加えて、緊急時には地域の警察や消防との協力も不可欠となります。

　一方で、留学生を学内外の支援者に導く際には仲介を要します。適切な仲介を欠いてしまうと、「自分は見捨てられた」「たらいまわしにされた」などネガティブな印象をもってしまう可能性があるからです。学生に事情を丁寧に説明したうえで、留学生の心理状態に配慮しながらほか

の支援に仲介する**リフェラルスキル**＊が求められます。

2　大学での生活や学習を支援する

(1)　経済的な支援を実施する

　留学生が安心して日本で暮らし、学習に取り組むためには、学費、生活費などの経済状況への配慮が欠かせません。多くの留学生は留学が決まった時点で何らかの**奨学金**＊の採否も同時に決まることが多いですが、渡日後に応募できる奨学金について情報提供や応募の支援が求められる場面もあるでしょう。

　また、留学生が受けている奨学金の中には継続のための手続きを定期的に要するものも多く、支援が大切です。渡日した直後に、いつ、どのような手続きが必要か、手続きが遅れたらどのような不利益があるのかを説明するようにします。手続きの時期が近づいたら連絡をし、できるだけ早めの提出を促します。書き慣れない書式があれば、書式の作成を手伝うことになるかもしれません。手続きに漏れがないようにチェックリストを用意してもよいでしょう。加えて、継続のための要件についても注意をします。成績や出席状況などに不安のある学生には早期の対策が求められます。定期的に留学生の修学状況を確認できる体制を準備しておくようにしましょう。

　授業料の減免も重要な経済的な支援です。多くの留学生が国内学生のように源泉徴収票等の家計に関する書類を提出できないことを考慮して、留学生対象の減免制度を設けている大学もあります。

　物品の貸与も経済支援の方法の1つです。特に代表的なのは、学習や連絡に使用するノートパソコンの無償貸与です。他に生活に必要な家電を貸与するところもあります。

(2) 適切な履修を促す

　留学生にとって履修にかかわる手続きは困難になりがちです。第一言語とは異なる言語環境にある留学生には、より丁寧でわかりやすく説明をすることが求められます。履修の手引きなどの資料に外国語の対訳をつけたり、外国語版の資料を別途準備したりするなどの対応を検討してもよいでしょう。もちろん、留学生向けの履修ガイダンスも重要な機会です。

　履修登録後の確認も行うようにします。履修登録に間違いがあっては、進級や卒業に支障が生じてしまうため、できるだけ早いタイミングに確認します。必修の授業科目をはじめとして国内学生と要件が異なることもあるのに加え、留学生自身が学びたいことや取得したい資格などがあります。確認にあたる教職員には、当該留学生の学ぶ**カリキュラム**＊と留学生がもつニーズの双方をある程度理解しておくことが望ましいでしょう。

　留学生の適切な履修を促すため、近年では授業の**シラバス**＊の英語版の作成を義務化する大学も増えてきています。**教授言語**＊が日本語の授業であっても、英語版のシラバスがあることで、学生は授業内容について理解しやすくなり、履修の判断が容易になります。とはいえ、日本語版のシラバスと合わせて英語版のシラバスを作成する負担は決して小さくはありません。留学生のニーズが高い授業科目から優先的に導入したり、英語版シラバスの書き方の見本を教員に提示したりすることから始めてもよいかもしれません。

(3) 日本語の学習を支援する

　言語の習熟には長期的な学習が欠かせません。いくつかの授業科目や一定期間の教育プログラムにおける学習では不十分な場合もあります。また、大学での学習においては、授業で話したり、聞いたりする以外にも、レポートや論文として日本語を書かなければなりません。その後の

キャリア*を見すえると、ビジネスに用いる日本語の学習へのニーズもあります。こうしたことから留学生への授業以外にさまざまな日本語の学習を支援する体制を整えるべきです。

学術的な場面で使う日本語については、留学生の日本語作文への支援が行われています。日本語による学術的文章作成の能力向上に資する支援以外にも、日本語初学者向けの文字の学習や日常的な日本語作文の支援もあるでしょう。留学生の投稿論文に対する日本語のネイティブチェックを行うサービスもあります。

さまざまな日本語学習のニーズに応じた学習教材の提供も有効な方法です。留学生向けのウェブサイトに各種日本語学習サイトのリンクをまとめている大学があります。日本語のレベル以外にも、場面別、文法別などさまざまな観点で分類整理すると、アクセスしやすくなります。図書館に留学生向け文献をまとめて配架することも行われています。その一角は少なくとも留学生がアクセスしやすい外国語で情報が示されているべきでしょう。

第一言語が異なる学習者がペアになって互いの第一言語を教え合う**言語交換***を促進するのもよい方法です。言語のみならず互いの文化の理解にも資すると考えられています。言語を教え合うペアを組む機会をつくったり、教え合いを進めるための具体的な方法を示したりすることも有益です。

(4) 正課外活動を促進する

専門分野の知識にとどまらない幅広い能力を育成するという面で、**正課外活動***は重要な意味をもちます。たとえば、部活動やサークル活動に参加すると、学内でのコミュニティが広がり、留学をより楽しいものとすることができます。一方で言語の障壁によって参加に消極的な留学生もいるでしょう。また中には運営状態が健全でなかったり、カルト的な活動をしていたりする団体も存在することから、留学生が安全に参加できるよう大学側の注意も求められます。

そこで、留学生の受け入れを積極的に行っている学生団体やサークルの活動を紹介しましょう。大学の公認を得ていて、健全な運営が行われている団体を選ぶようにします。留学生のニーズとのミスマッチや学業への影響がないように、活動内容やその頻度などの情報に留学生がアクセスできるとよいでしょう。留学生対象の勧誘イベントを実施している大学も多くあります。他に、大学祭などの行事に留学生がイベントを企画したり、出店したりすることも行われています。留学生支援に携わる教職員が関与することで安心して活動できるはずです。

3　キャリア形成を支援する

(1)　留学生のキャリア形成の課題を理解する

　留学生の卒業後のキャリア形成も大学に求められています。特に日本の大学で学位を取得した留学生がそのまま日本に滞在し、働くことを希望する場合も増えています。**グローバル化***の進展もあって外国人の人材を求める企業も増加傾向にあります。

　しかし、留学生が日本での就職を希望しているにもかかわらず、その希望がかなわない事例が一定数は存在します。留学生が日本でキャリアを形成しようとする際の課題があるからです。ある分析によると留学生の日本での就職を阻む要素として、日本語能力、知識不足、経験不足、モチベーションの4つがあげられています（経済産業省関東経済産業局2022）。日本での就職の難しさは必ずしも本人だけに原因があるとは限らず、日本社会そのものにも課題があるといえます。ただそのうえで、こうした課題の克服をいかに図るかを、留学生への支援において考えなければなりません。

　そもそも、日本での就職活動に取り組もうとする留学生にとって、日本の企業等における雇用の慣習を理解することは一般的に難しいといえます。日本における独特な雇用慣習としてしばしば言及されるのが、メ

ンバーシップ型雇用です。企業等に長期間にわたって雇用されることが期待され、多くの場合さまざまな業務を**ジョブローテーション***として経験します。諸外国ではジョブ型雇用として職務内容に応じて雇用され、必ずしも同じ企業等に長く勤めることが前提とされません。新卒者の一括採用や終身雇用、年功序列による昇進や待遇の向上なども、日本独自のものといえます。近年これらの雇用慣習は薄れつつありますが、それでもなお、出身国の雇用慣習との違いに戸惑う留学生は少なくありません。こうした違いを機会をとらえて伝えるようにするとよいでしょう。ただし、日本的な価値観やものの見方への過度な同化を求めない配慮も必要です。

　これらに加えて、不当な労働条件に対し、誰に相談すればよいかという知識も欠かせません。各省庁がさまざまな外国語で提供している教材を紹介するのも有効です。

(2)　具体的な就職のイメージを促す

　キャリア形成支援の第1歩は、留学生自身の働くことへのイメージを具体化することです。そのためには、主に留学生の自己分析と、業界や企業を理解しようとする姿勢や意欲への2つのアプローチが必要となります。いずれのアプローチも短期間に行えるものではないので、早い段階から少しずつ機会を設けるようにするとよいでしょう。

　自己分析においては、どこで働きたいか、何をしてどのように働きたいかといった自分の希望だけでなく、自分の強みや弱み、自分の成長に結びついた経験などを言語化して伝えることができるようにします。多くの場合、留学の目的や動機とも関連するかもしれません。

　業界や企業に対する理解を深めていくために、必要となる情報を提供することから始めます。地域の経済団体と連携した情報提供を行ったり、大学へ求人のある企業の中から留学生採用に関心の高い企業について情報提供したりします。留学生が知っている日本の企業は、大企業であることが多く、マッチングが難しいこともあります。適切なマッチングを

図れるように、学内での説明会、企業見学、**インターンシップ**＊などの機会を設けて、さまざまな就職先への認知を高める取り組みが多くの大学で行われています。加えて、文献やウェブサイトなど、留学生自身が情報にアクセスできるようになるための情報提供も必要です。

　就職活動や就職へのイメージを具体化するうえで、実際の経験談は有効です。とりわけ先輩留学生の経験談は高い関心をもって受け止められる傾向にあります。就職活動での工夫や直面した困難、就職した後に感じたイメージと現実の違いなどについて自由に話せる機会を設定するとよいでしょう。体験談をまとめたリーフレットを作成して公開することも方法の1つです。

(3) 就職活動を支援する

　留学生の就職活動にとってまず大切なのが、スケジュールの管理でしょう。日本では新卒一括採用の慣例がまだ強く根づいています。就職活動の開始そのものが早いのも日本の特徴であることから、いつ何を行うべきかを早期に提示することが重要です。出身国での就職を希望する学生であっても、就職活動を行うためには、ゆとりのあるスケジュールの設定が望ましいでしょう。

　実際の支援は、一般の学生を対象にしたものとほぼ同様となります。ビジネスマナーの演習の開催やエントリーシートの添削などの支援、面接練習などです。それぞれ授業科目の一環、セミナー、個別支援など多様な方法で行うことができます。留学生を対象とする就職活動の支援では、特にビジネスに用いる日本語に習熟するように促すとよいでしょう。また、単に就職先を決めるだけでなく、日本社会全体に対する理解や適応を促す支援を意識するようにします。

　留学生の就職支援を行うコンソーシアムや大学間ネットワーク、各種センターが存在します。就職活動の支援においては、各大学が個々に支援を提供するだけでなく、共同で支援プログラムを実施するなど、複数の大学、教育機関、あるいは外国人の就労を支援する機関との連携も選

択肢になるでしょう。この時には、連携先が自大学の行っているキャリア形成支援の方針にとってふさわしい支援となっているかを見極めることが大切です。また、日本学生支援機構が作成している「外国人留学生のための就活ガイド」を活用することもできるでしょう。

　留学生が自身の出身国をはじめとして日本以外に就職を希望することもあります。可能な支援には限界があるかもしれませんが、個別面談などを通じ就職活動における課題を解決できるように支援します。また、日本でインターンシップを行った留学生に対して、インターンシップ証明書を発行できるとよいでしょう。日本以外の国では、就職前にインターンシップの経験が必要なことが多いためです。

(4) 多様なキャリアに対応する

　企業への就職以外の選択肢を希望する学生もいるでしょう。たとえば、大学院への進学です。学部と同じ大学への進学を希望する場合は、指導教員と研究の進め方や修了後のキャリアについて進学前に相談するように勧めます。他大学の大学院への進学を希望する場合も、指導を受けたい教員や研究室と可能な限り連絡をとって、出願前に相談を行うことを求めます。一般的なビジネスマナーやビジネスに用いる日本語表現の練習は、こうした場面でも活用することができます。結果として進学を希望する学生にも就職活動支援を提供することは有益となるのです。

　近年では起業という選択肢をとる留学生もいます。自治体が留学生の起業を支援していることもあります。大学も研究成果の社会実装を目指す種類の起業がさまざまな形で推奨されています。**アントレプレナーシップ教育***を行う大学も多く、当該プログラムに留学生が参加していることもしばしばあります。また、日本における起業を志す留学生に対し、大学による推薦をはじめとした一定の要件のもと、卒業後の起業のための在留を認める政策もとられています。起業については、日本の法令などに対する正確な理解が求められます。在学中にそうした知識を十分に得られる機会をもてるよう配慮しましょう。また、卒業後の起業活

動を支援する体制を整えることも求められています。

4　さまざまなリスクに対応する

(1)　病気やけがに対応する

　　出身国から離れた慣れない土地で生活する留学生にはさまざまなリスクが想定されます。留学生の危機管理も大学の重要な役割です。

　　留学生にとってのリスクの代表としては、病気やけがといった身体の不調がまずあげられます。気候の違いによって身体に不調をきたすことはあらゆる留学生に想定されるでしょう。また、メンタルヘルスの問題に起因する身体の不調も考えられます。

　　まずは入国時に基礎疾患について確認するようにします。短期間の滞在においても症状が現れる可能性もあります。中には日本ではあまり見られない疾患をもっている学生もいるかもしれません。入学後の早い段階で保健センターの担当者と相談しながら、万が一の時の対応を定めておきます。出身国に主治医がいる場合は情報提供などの連携を図るべきかもしれません。入学時に出身国での診断書などの提出を課している大学もあります。

　　長期にわたって滞在する留学生は、定期健康診断の対象となります。健康診断によって身体の状況を確認すれば、大きな不調を未然に防ぐことにつながります。ただし、日本で生まれ育った学生にとってあたりまえである健康診断は、国際的には珍しいもので、慣れていない留学生も存在します。オリエンテーションの機会や各種資料を活用して、その意義や実施方法を丁寧に説明します。実際に健康診断を実施する際には、身体を家族以外に見せることを禁じる宗教もあるため、医師などを含めどういった体制で診断を行うのか、どの程度まで診察をすることが可能かを事前に学生に確認するようにしましょう。

　　病気やけがの場合、学生は自分の症状を医師などに適切に伝えなけれ

ばなりません。学習途上の言語で自分の感じる痛みなどを説明するのは困難を伴うため、外国語での対応ができる医療機関を学生に伝えておくようにしましょう。外国語対応ができる医療機関がない場合は、必要に応じ教職員が付き添います。医療通訳を支援するアプリケーションや民間サービスもあります。ほかにも日本の保険制度の説明や、予防接種の紹介など、身体の健康を維持するための情報提供を行うとよいでしょう。

(2) メンタルヘルスに配慮する

　身体と同様に精神面の健康にも配慮します。異なる文化や習慣の中で生活する留学生は多くの場面で精神的な負担を感じています。また入学直後の時期は、言葉も通じず、周りに相談できる相手も少なく、孤立しがちで、メンタルヘルスに問題を生じる可能性が高まります。

　まずは留学生のさまざまな変化に気づくような環境づくりが求められます。メンタルヘルスの問題はなかなか気づきにくいものです。他者からはもちろん、本人も自覚しないうちに悪化し、欠席の連続や身体の不調などによって顕在化した時には重大な状況となっているかもしれません。そこで指導教員をはじめとした日常的に留学生を取り巻く人々で、普段から様子を観察し、声掛けを行うようにしましょう。学生が過度の不安や心理的な負荷を感じていることに耳を傾けます。身だしなみなどの外見から変化に気づけることもあるでしょう。また、留学生を取り巻

く学生たちが、留学生の変化に気づいた時にどうすればよいかを示しておくのもよいでしょう。問題に気づいた場合には専門の医療機関と連携して、適切に学業を続けられる方法を検討します。

　出身国で精神疾患を発症し、治療を継続している状況の留学生には、身体の不調と同様に出身国の主治医からの情報も提供するよう依頼します。この時、特に**ドラッグ・ラグ***の問題に注意します（全国大学保健管理協会国際連携委員会・国立大学保健管理施設協議会国際交流推進特別委員会編 2020）。海外で承認されている薬が日本で承認されていないために、日本の医療機関では処方できない時間差をドラッグ・ラグといいます。精神疾患の治療に用いる薬にはドラッグ・ラグが生じやすいといわれています。日常的に服用している薬がある場合は日本における扱いを確認し、持ち込む際の薬監証明などの手続きを検討するようにしましょう。ドラッグ・ラグに限らず、日本で違法になる薬に関する注意喚起を行うことも必要です。

(3) ハラスメントのリスクに対処する

　留学生が教職員から**ハラスメント***を受けるリスクも残念ながら存在します。国内学生と同様に、パワーハラスメントやセクシャルハラスメントなどを受けるリスクがあるほか、文化的、言語的な差異によるハラスメントが起こりえます。外国人であることを理由に差別的な対応を行う、レイシャル・ハラスメントという言葉もきかれるようになっています。ハラスメントの実例には、言葉による嫌がらせ、指導の放棄や不適切な学位審査などに加え、**ビザ***や**在留資格***を盾に留学生に対して不当な言い分を通そうとするものもみられます。

　留学生の場合、人間関係が大学内や研究室の中に閉ざされがちであるため、相談相手を得られず、事態が深刻化する可能性もあります。ハラスメントのリスクに対応する意味でも、研究室や受け入れ教員以外の複数の教職員が留学生に日常的にかかわれる環境をつくることが望まれます。また教職員に対して、ハラスメントになりうる言動について理解を

促すことも必要です。外国人に対するハラスメントの事例を伝える研修などの機会をもつとよいでしょう。

　ハラスメントに関する訴えが留学生からあった場合には、一般的なハラスメント対応と同様、第三者による関係者へのヒアリングなどを通して対応を検討します。留学生がかかわっている事案の場合、留学生と教職員の相互理解がそもそもうまくいっていないことも考えられるため、先入観をもたずに状況を整理するように努めましょう。また、教職員から以外にも、学生間で生じるハラスメントにも注意を要します。留学生の様子から問題を感じる場合には、学内のしかるべき窓口に相談することを勧めるのがよいでしょう。

(4)　事故や犯罪の発生に対応する

　事故や犯罪に巻き込まれるリスクも想定されます。被害を受けた場合には、まず生命の安全を最優先としたうえで、警察や消防に連絡するといった基本的な流れを最初に伝えておくようにします。警察なら110番、消防なら119番といった電話番号も確認しておきます。その場合は具体的な状況を説明するように心がけるとよいでしょう。たとえば、「犯罪に巻き込まれたら」と伝えたとしても、「犯罪」が意味する内容が留学生にはとらえにくい可能性があります。「自分の持ち物を盗まれたとき」「他人にけがをさせられたとき」と具体的な場面ごとに説明することで、適切な判断を促すことが期待できます。

　交通事故の場合は事故発生から治療費などの手続きの一連の流れを、オリエンテーションなど受け入れの時に説明します。治療費や損害賠償の交渉には相手の情報が必要であることを踏まえ、最低限どのような情報を確認するのかを示します。実際の交渉には大学の教職員が支援する必要もありますが、留学生個人として行うべきことについて明確に伝えましょう。留学生が関連する事故で多いのは自転車によるものであるといわれています（藤本他 2017）。よく起こる事故の事例をあげて、留学生に注意喚起を行うことも事故の予防には重要です。

残念ながら留学生が犯罪の加害者となる事例も全くないとはいえません。明確な意図をもっている場合は論外ですが、法令や慣習が出身国と異なるせいで、本人が意図しない形で犯罪行為を行っていることもあります。また、SNSなどでアルバイトと称し、留学生に犯罪行為の一部を行わせる手口も横行しています。留学生がどのような形で犯罪に加担してしまうのかを具体的に説明するようにしましょう。

(5) 自然災害のリスクに対応する

　日本は何らかの自然災害に見舞われることの多い土地であるといえるでしょう。地震だけでなく、近年では豪雨や豪雪といった異常気象や、それに伴う土砂崩れなどの災害も起こります。自然災害を回避することは不可能であるため、起きた時に何をすべきかを明確に伝えておくようにします。緊急時の対応について留学生向けのハンドブックを準備している大学もあります。日常的な防災や減災の方法、避難場所、食料や飲料水の備蓄、災害発生時の初動などをまとめたハンドブックがあれば有効でしょう。一般的な災害対応の内容であっても、背景が異なる留学生が読み手であることを鑑み、内容や表現を工夫します。また各国大使館が提供する情報が、留学生にとって有益な場合もあります。日ごろから各国大使館の情報を得られるよう留学生に求めるほか、職員も主要な大使館の情報発信の媒体については確認しておくとよいでしょう。

　実際に災害が発生した際の情報発信や安否確認の体制を整えておきます。たとえば、スマートフォンなどで大学からのメールを見られるように設定しておく、大学のSNSアカウントのフォローを推奨するなどです。また、実際に災害が発生した際にはできるだけ多くの媒体で、緊急連絡先を明示するようにしておきましょう。安否確認のシステムを導入している場合には、入国後の早い段階で、災害の発生を想定した試行の機会を設けます。システムを導入していない場合や、システムがうまく作動しない場合のために、安否を連絡するメールアドレスを共有しておくのも重要です。

災害発生後に避難を行った場合は、可能な限り学生の避難状況や心身の様子などを確認することや、出身国の家族への連絡について検討するようにしましょう。激甚な災害時には、留学生だけでなく、教職員自身も困難を抱えていることから、複数の教職員で協力し合いながら、臨機応変に対応しなければなりません。

第10章 異文化コミュニケーション

1 異文化コミュニケーションの目的を理解する

(1) 異文化コミュニケーションとは

　大学教育の国際化を図るうえでコミュニケーションのあり方を見直すことは欠かせません。教員による授業や研究指導の場面だけでなく、職員によるオリエンテーション、課外活動の支援、日常の窓口対応の場面など、大学におけるあらゆる活動においてコミュニケーションが行われています。学生以外にも外国人教員とのコミュニケーションもあるでしょう。会議などで外国人の教職員が同席する場面も今後多くなることも予想されます。

　文化を異にする者どうしのコミュニケーションを異文化コミュニケーションと総称します（ホール 1966）。互いに異なる文化を背景としていることから、異文化コミュニケーションにはしばしば衝突や誤解が生じやすいといえます。一方で、その違いを踏まえながら相互の理解を形成していく過程は、多様な人の包摂を目指すインクルーシブ社会の理念を実現するうえでは欠かせません。大学という環境はこうした理念の実現を先導する役割も期待されているのです。

　異文化コミュニケーションを考えるうえで、単に使用言語の違いというイメージにとらわれないようにすることが大切です。一般的にコミュニケーションはいくつかの要素が互いに関連し合って成り立っています。使用する言語だけでなく、ボディランゲージに代表される**非言語コミュ**

ニケーション*も文化によって意味するところが変わることがあります。また、あいさつや名前のよび方なども、場合によっては配慮を要することがあるでしょう。

　自分がいくら配慮しても、相手に適切に伝わらない状況や、相手が自分に対して配慮を欠いたように見える言動をとることもありえます。コミュニケーションには相手がいる以上、こうした状況は完全には避けがたいものです。異文化コミュニケーションの能力を高めるためには、コミュニケーションがうまくいかなかった場面を振り返り、自分と相手それぞれにおいてどのような問題があったのか、それは文化の違いに根ざすものなのかを考えることが大切です。

(2)　必要な情報を伝達する

　大学における異文化コミュニケーションを適切に実施するためにはまず、その目的を改めて確認しましょう。以下ではいくつかの目的をとりあげます。それぞれの目的に応じて望ましいコミュニケーションのあり方は変わるものです。目的を意識してコミュニケーションに臨むようにしましょう。

　まずは必要な情報を伝達することです。コミュニケーションの目的としては基本的なものですが、留学生が相手になる場合には、必要な情報とは何か、改めて考え直すことが重要です。自分には「伝えるまでもない」と思えるような情報であっても、相手によっては明確に伝えなければならない場面があるでしょう。

　必要な情報を適切に伝えるためには、さまざまな伝達方法を活用することが求められます。履修登録をはじめとした手続きにかかわる内容や日本の法令や保険に関する内容は重要である一方、留学生には理解が難しいものです。こうした情報を適切に伝えるためには口頭のコミュニケーションでは限界があります。伝えるべき情報を文書など目に見えるものとして形に残すなどの方法を検討するようにしましょう。

(3) 相手の安心感を高める

　コミュニケーションは情報の伝達だけでなく、相手の心理状態にも影響を及ぼします。何気ない一言や振る舞いが、実際に伝えている内容以上の意味合いを相手に感じさせることがあります。たとえば留学生対象のガイダンスの場面における、「みなさんを歓迎します」の一言でも、スライドや原稿にばかり目を向けながらいうのと、相手に対して**アイコンタクト***を送りながらいうのとでは、相手のもつ印象や信頼感は異なります。1対1のコミュニケーションの場面でも同様のことが当てはまります。

　留学生や外国人教員は大学だけでなく、日本の社会においても少数者であるため、さまざまな不安を抱えていることが想定されます。特に渡日直後の時期は生活の安心すら十分でないかもしれません。このような状況においては、相手の不安を軽くし、大学での活動に前向きな姿勢をもてるように促すことが大切です。もちろん、渡日直後以外にも何かしらのトラブルに巻き込まれた時や、留学生が学習や生活に課題を抱えている時にも同じことがいえます。

　相手の安心感を高めるために、あいさつや少しの会話から始めてみてはどうでしょうか。何らかの機会に顔見知りになった留学生に自分からあいさつをするだけでも効果はあるはずです。

(4) 学生の学習機会となる

　授業以外でも、大学の中でのあらゆるコミュニケーションは、留学生にとっての学習の機会であると捉えることができます。したがって、教員だけでなく、職員もまた留学生に対する教育的意図をもってコミュニケーションを行うのが望ましい場面があるはずです。

　たとえば、日本語を学びに留学をする学生であれば、職員との会話は重要な練習の機会となります。難しい用語だけでなく、日本語の話し言葉や方言も日本語学習者には慣れないものかもしれません。したがって、

> **コラム　正しさや適切さは対話的に構築される**
>
> 　異文化コミュニケーションの方法に正解はあるのでしょうか。多くの方が唯一の正解がないと感じているのではないでしょうか。コミュニケーションを行う相手の背景や事情は千差万別です。ある留学生には効果的だった方法が別の留学生ではそうはいかなかったということは頻繁にあり得ます。
> 　しかしここで、「正しい方法はない」と簡単にあきらめるべきではないと筆者は考えています。すべてがケース・バイ・ケースなのはその通りかもしれませんが、よりふさわしいコミュニケーションの方法は常に存在するものです。ただその方法を見つけるためには、「適切なコミュニケーションの方法があるはずだ」という意識をもつことが前提となります。
> 　ここで、「正しさ」「適切さ」といったものは相手との関係の中でつくられるものであることも知っておくとよいでしょう。正しい、適切なコミュニケーションの方法はどこか外部に基準が存在するのではなく、まさに自分と相手とのコミュニケーションの中で互いに探り合い、つくっていくものなのです。
> 　学生の頃、留学生と仲良くなろうとした私は、まず色々な文献を通じて異文化コミュニケーションの方法や相手の生まれ育った文化圏について理解を深めようとしました。しかし、いろいろな知識を身につけていくにつれ、かえって相手とどう付き合えばよいかわからなくなってしまったことがあります。自分がどのように理解しているかを伝えつつ相手に尋ねるという、思いのほか単純な解決策にたどり着くには少し時間がかかりました。相手に対する敬意をもったうえで、わからないこと、自分では気づけないことを相手に確かめ、逆に相手からも同じように自分に伝えるという行為が、一緒に適切なコミュニケーションを形成していくことの重要性を確認する機会となったと思います。

日本語の学習機会として、あえて日常的な日本語でのコミュニケーションを行うのも効果的です。
　教育的意図を適切な形で実現するためにはいくつか意識すべきことがあります。たとえば、相手の理解に合わせて話し方や表現に配慮することです。また、相手が話すのを落ち着いて受け止める姿勢を示すのも大切です。学生が伝えたいことをこちらで先取りしまいたくなるかもしれませんが、まずは相手の言葉を待つようにします。そのうえで確認した

いことを順番に質問します。言葉を待つ間はできる限り穏やかな表情を意識すると、相手も安心して話しやすくなるでしょう。

⑸　自分たちのあたりまえを見直す

　さまざまな前提が異なる相手とのコミュニケーションの中で、自分たちがこれまであたりまえだと思っていた手順や仕組みの方に問題があると気づくかもしれません。前提が異なる相手との異文化コミュニケーションは、そうした不合理に気づく契機となります。たとえば、履修登録において、どれだけ丁寧に説明をしても、登録の仕方が理解されていなかったり、必修科目が登録されていなかったりというトラブルが発生することがあったとします。この場合は、コミュニケーションの問題以前に、留学生の履修登録の仕組みや**カリキュラム***そのものを見直すとよいかもしれません。すべての人の使いやすさを目指す**ユニバーサルデザイン***の視点で仕組みや制度を点検してみましょう。異文化コミュニケーションは、自分たちのあたりまえを問い直す契機ともなるのです。

2　異文化コミュニケーションの指針を踏まえる

⑴　さまざまな文化の違いに気づく

　互いに異なる文化を背景にもつ人によるコミュニケーションが難しくなるのは、さまざまな前提が異なっていることが多いからです。生まれ育った文化が異なることで、あたりまえと感じる言動や、よいこと、正しいことの判断の基準も異なっています。前提が共有されている場合は、暗黙のうちにお互いの意図をある程度踏まえながらコミュニケーションをとることができますが、前提が共有されていない場合では難しいでしょう（ホフステードほか 2013）。

　そこで異文化コミュニケーションの第一歩として、自分の文化と相手の文化の違いに気がつくことが重要となります。特に相手の発言や言動

に違和感をもった時は、文化の違いを見つけられる契機になるでしょう。自分の伝えた内容が意図した通りに伝わらなかった時も気づきを得られます。また、自分自身の文化における前提を意識化することも重要です。

　文化の違いに気づくために注意すべきことがいくつかあります。まずは、違和感の原因が必ずしも文化の違いだけに帰すわけではありません。個人の性格によることもあり得ます。また、文化の違いと国家の違いを安易に結びつけないことも大切です。文化はとても多くの要素から構成されており、国家はその1つでしかありません。ほかにも民族、宗教、人種といった要素もあり、同じ国家の中でも複数の文化が併存しています。文化の違いと国家の違いは異なるものだということに注意しましょう。

(2) 個人としてコミュニケーションを行う

　異文化コミュニケーションであるとはいえ、コミュニケーションの1つである以上、相手である留学生を一個人として認識することが大切です。ただ、異なる文化を背景とする留学生とのコミュニケーションでは、無意識にそうした個人としてのコミュニケーションを難しくする要素があります。

　たとえば、相手の文化的背景を意識してしまうことで、さまざまな先入観を抱き、それがコミュニケーションに影響することがあります。先入観をもつこととそれに基づいた言動をとることを分けて考えるようにします。人である以上、相手に対して先入観をもたないことは難しいかもしれません。また、自分と相手の文化の違いに気がつくと先入観が働くこともあるでしょう。書籍などを通じて異文化に通じて学習する中で形成される先入観もあります。確かに、異なる文化に属する人を理解するために先入観が意義をもつこともあります。しかし、先入観を相手に対する言動に結びつけることには注意を要します。

　具体的には、文化的な背景をもとに個々の留学生への勝手な決めつけを行わないようにします。もちろん、受け入れている留学生がどのよう

な文化で育っているのかを踏まえることは大切です。しかし、そこから得られた判断で、「あなたは〇〇人だから・・・なはずだ」と決めつけ、相手に伝えるのは一般に不適切です。「〇〇人」など集団を代表するような言動は、たとえ善意からであっても相手を当惑させてしまうことがあります。また、たとえある程度の事実が含まれているとしても、自分のことをあまりよく知らない相手から決めつけを行われてしまうと、個人としての自分が尊重されていないと感じてしまうかもしれません。

個人としてのコミュニケーションを実現するうえで、**第三者返答***とよばれるものも不適切です（オストハイダ 2005）。留学生が日本人の学生とともに窓口を訪れた場面を想像してください。留学生が用件を伝えているにもかかわらず、対応する職員が付き添いの日本人の学生に受け答えをしていたら、留学生はどのように感じてしまうでしょうか。疎外感をはじめとした不快な思いをさせてしまうかもしれません。第三者返答とは、この職員のように、自分とは異なる背景をもっていると感じた相手との直接のやり取りを回避し、自分が話しやすい第三者に対して受け答えをしてしまう状況を指します。直接のコミュニケーションに何ら問題がないにもかかわらず、第三者返答を行ってしまうことは、相手に対する敬意を欠いた言動となってしまいます。

(3) 説明と確認を丁寧に行う

　コミュニケーションの随所に説明と確認を丁寧に行うようにします。この時に、自分と相手の前提が異なる点を明確にします。

　丁寧な説明とは必ずしも大量の情報を提供するということを意味しません。日本語で一度に大量の情報を与えられても多くの留学生は理解できないでしょう。相手の反応をみながらその時に一番伝えるべき点は何か、前提の違いを補うために提供すべき情報は何かを見定めます。

　必要に応じて相手に確認をとることも大切です。こちらからの説明だけでなく、相手からも説明を求めるようにします。相手が前提としている考えや価値観は何なのか、相手の価値観は当人にとってどの程度重要なのか、説明を求めます。それまでの説明の理解の度合いについても確認するのがよいでしょう。

　たとえば、時間に対する感覚は文化によって異なることが多いため、説明と確認が重要となります。定められた期限を厳守する考え方が日本では一般的ですが、そうではない感覚が一般的な文化も多くあります。**奨学金***の申請書類や授業での課題など厳格な期限が設定されている場合には、期限に間に合わないとはどういうことなのか、期限に遅れたらどのような事態になるのかを説明しておくようにしましょう。

　説明と確認を丁寧に行う過程で、お互いに合意できる点や譲歩が難しい点などが明らかになってきます。お互いが完全に理解し合えるのが難しいとしても、こうした小さな理解を積み重ねる姿勢が異文化コミュニケーションでは重要です。

(4) 相手のよび方に配慮する

　普段何気なく使っている名前にはその人が所属している文化が反映されています。日本においては姓と名の組み合わせが一般的ですが、ミドルネームをもっていたり、姓があまり意識されなかったりと、名前の構成も文化によってさまざまです。綴りが同じでも発音が異なっていたり、

逆に同じ発音なのに綴りが異なっていたりすることもあります。それぞれの違いはその人がもっている文化的な背景に由来しているのです。

　そのため、名前をいかによぶかに配慮が求められます。コミュニケーションにおいて相手へのよびかけを行うことは欠かせませんが、よび方によっては相手に不快感を与えてしまいます。ニックネームでよびあうことが親愛の気持ちを示す場合であれば、かしこまったよび方がかえって疎外感を与える可能性もあるでしょう。また、長い名前に対して「覚えるのが大変だ」「短く〇〇とよんでもよいですか」といったような発言を他人が行うのは適切とはいえません。その一方で相手の名前をよばないのも、疎外感をもたせてしまうかもしれません。

　慣れない種類の名前については相手によび方を教えてもらうようにします。発音が難しい場合は何度か本人の前で練習し、確認します。その際にはもちろん、相手に敬意をもって接するようにしなければなりません。よび方がある程度身についてきたら、自分以外の職員にも助言をするとよいでしょう。かな文字である程度近い音が記述できる場合は、表記を共有することもできます。

　メールなどの書き言葉にも注意が必要です。外国語による表記を行う場合には綴りに注意します。よく使われる名前であっても、複数の綴りが存在します。中には正確な綴りであるにもかかわらず、一般的なものでないために文書作成ソフトの校正機能で書き換えられてしまうこともあるでしょう。綴りについては本人の申告と違わないように確認することが求められます。

(5) 非言語コミュニケーションに注意する

　コミュニケーションにおいては「何をいうのか」だけでなく、「どのようにいうのか」も重要となります。情報の伝わり方はその伝え方によっても変わってくるのです。言語だけのやり取りでは困難の多い異文化コミュニケーションにおいては特に伝え方に配慮することが大切です。**メラビアンの法則***として提唱されているように、非言語コミュニケー

ションはしばしば言語が伝える内容の理解を変えてしまうことがあります。

　身体の姿勢や動きはまず注意できるところでしょう。相手が緊張していれば、相手の側に姿勢を傾け、話を聞く態度を示すことで話しやすい雰囲気が生まれます。一方で、相手の身体との接触に対する感覚が文化により異なることも指摘されています（大橋・根橋 2019）。コミュニケーションに適切な身体的距離は、相手によって異なることも忘れないようにしましょう。また、視線をいかに運ぶかも文化によって変わり得る要素です。じっと相手の目を見るアイコンタクトがよい場合もあれば、適度に視線を外したほうがコミュニケーションしやすいこともあるでしょう。

　姿勢や視点を相手の動きに同調させるという考え方もあります。相手の身体の動きを自分も行うようにするのです。相手との関係を築くために動作を同調させることを**ミラーリング***とよびます。

　そのほか、ボディランゲージにも文化の違いがあります。日本では首を縦に振る動作は承諾を意味しますが、異なる意味をもつ文化もあります。相手が、意図のわかりかねるボディランゲージを行った場合には、言葉によってその意図を確認します。一方で、自身がボディランゲージを使う際にもその意図が伝わっているかを意識するようにしましょう。

3　日本語のコミュニケーションを工夫する

(1)　留学生に難しい表現や文法を想定する

　日本に滞在する外国人は日本語についてどのような困難を感じているのでしょうか。一般的に日本語は類似した文法や文字体系をもつ言語をほかにもたないため、学習が難しい言語とされています。日本語の学習途上である留学生とコミュニケーションを図るうえで、外国人にとって難しい日本語の表現や文法を知っておくことは有益です。これらの表現

や文法を全く使わずに済ませることは現実的ではありませんが、場合によっては伝わりにくい可能性を認識しておくことが大切です。

たとえば、敬語表現は難しいとされています。相手との関係によって、同じ意味でも表現を使い分けるという考え方は多くの言語で見られるものではないからです。また、「あげる」「もらう」「くれる」という授受表現も、使い分けが難しい表現の1つです。「てにをは」などの助詞も、多くの留学生にとって慣れない間は不自然となってしまいがちな品詞です。

漢字については漢字文化圏以外の留学生には難しいことが多いでしょう。日本での滞在の長い外国人教員にとっても理解には時間がかかることがあります。中国語を第一言語とする人には伝わりやすい一方、「経理」や「輸入」など同じ表記に対して中国語と日本語で異なる意味になる場合には注意を要します。

(2) 伝わりやすく話す

日本語に慣れない外国人への話し方についていくつか意識すべき点があります。まずはゆっくり話すことです。口の動きを少し大きくするとよいでしょう。周囲が騒がしい環境の場合は少し声を大きくするようにしましょう。

文章はできるだけ短く区切るという意識をもちます。「〜して、〜すると、〜となるので…」と続けてしまうところを、「まず〜してください。次に〜してください。そうすると…となります。そこで…」と区切り、文の間ごとに相手の様子を確認しましょう。

伝わりやすさという点では、外国人が学習に利用している日本語教科書を参考にしてもよいでしょう。一般に日本語教科書の文章は、ですます調で書かれています。尊敬語や謙譲語を使いそうになっても、ですます調にするようにします。また、方言についても注意しておくとよいでしょう。その方言における独特の語彙やイントネーションについて自覚的であるだけでも、伝わりやすい話し方を実践することができるはずで

す。

　また、何かしらの依頼をする場合には明確な指示として話すようにします。「〜していただけますか」といった婉曲的な依頼ではなく、「〜してください」と伝えます。疑問文を用いるのは、相手に何らかの回答を求める時だけと考えるのがよいでしょう。

(3) 難しい語彙を言い換える

　外国人には理解の難しい語彙について説明しなければならない場面もあるでしょう。まず、自分の話している語彙の中で何が難しい語彙なのかに気づく必要があります。たとえば、漢語は多くの学生にとって難しい語彙になりがちです。「履修登録取消期間」「成績評価照会」など漢字が多く並んだ表現です。また、カタカナで表される外来語も時として難しい語彙となります。日本語で用いられる外来語は元の外国語から意味が変わっていることも多いからです。外来語だからと安易に使い過ぎてしまう結果、相手が当惑する事態がしばしば起こりがちです。相手の様子を見たり、理解を確認したりしながら難しい語彙がないか注意しましょう。

　難しい語彙に気がついたら、その語彙を言い換えたり、説明を補ったりします。基本的には和語に言い換えることが多くなるはずです。和語とは、漢字であっても訓読みするものやひらがなで書き表すような言葉です。カタカナの外来語の場合は対応する和語が見つけにくいため、簡単な漢語に置き換えるとよいでしょう。

(4) やさしい日本語を活用する

　日本語の学習途上にある外国人に伝わりやすい日本語として、**やさしい日本語**＊という考え方が広がっています。難しい文法や語彙を避けるなどの配慮はやさしい日本語の基本的な方針といえるでしょう。やさしい日本語は、公的機関における外国人への窓口対応や情報発信などでも活用されるようになってきています。

やさしい日本語についての書籍やマニュアル、ウェブサイトも充実しつつあります。大学におけるさまざまな場面でも応用することができるため、大学や部署でよく使う語彙の言い換え表をまとめておくのも有益です。

やさしい日本語の活用には注意すべき点もあります。日本語に熟達した外国人に対して、「外国人だから」と安易にやさしい日本語に切り替えてしまうと、相手に不快感を与えてしまうおそれがあります。大学であれば日本語に通じた留学生や外国人教員も決して珍しくはないはずです。ここでも先入観にとらわれ過ぎないようにすることが大切です。

4　さまざまな伝達手段を活用する

(1) 重要な情報は文字にする

コミュニケーションは必ずしも口頭で行うだけではありません。視覚情報や記録媒体を活用することによってもコミュニケーションを行うことができます。特に日本語が不慣れな留学生に対してはさまざまな伝達手段を工夫することで、より効果的なコミュニケーションが実現できます。

まず意識しておくとよいのは、口頭で伝える内容はできる限り文字に起こすということです。ガイダンスなどで多人数を前に説明を行う時などは、口頭だけで情報を提示するのではなく、文字として読める状況にしておくのが望ましいでしょう。文字に起こす場合はやさしい日本語の考え方を踏まえつつ、難しい漢字にルビを振る、少し大きめのフォントにするなど読みやすさに配慮するようにします。

重要な情報を文字としてまとめた資料は分量が大きくなりがちであるため、電子媒体で提供するのもよいでしょう。拡大縮小が自在にできるほか、検索も行いやすくなります。わからない語彙をインターネットで調べることが容易になり、機械翻訳にもかけやすくなります。

また、ガイダンスの模様を動画として留学生に共有すれば、字幕機能で口頭の内容を文字として読むこともできます。自動生成される字幕の精度も高まっていることから、重要な伝達事項のあるガイダンスなどは動画として記録し、留学生がいつでも視聴できる環境を整えておくのもよいでしょう。

(2)　実物を示して説明する

　実物を示して説明するのも効果的です。たとえば、重要な文書については言葉だけでなく、実物を示すことで、「最初はここを確認してください」など、見てほしい箇所や重要な項目がどこにあるかを明示できます。個別対応の時だけでなく、多人数に対して説明をする時も、全員の手元に実物を配付したうえで説明を行うとわかりやすいはずです。

　実物を持参するのが難しいものでも、写真や図像を活用することができます。普段使う機会の多い窓口や部署の場所について、「〇〇号館2階」と言葉で説明するだけでなく、建物の外観や部屋の入口の写真を示すことができるでしょう。

(3)　共有できる記号を活用する

　文化的背景にかかわらず、比較的多くの人々にとって直感的に理解しやすい記号や印を活用することもできるでしょう。代表的なものに**ピクトグラム***があります。伝達したい情報をできる限り簡略化した絵で示したものです。非常口マークの人の姿は代表的なピクトグラムです。言語の理解にかかわらず、即時に理解することが期待できます。

　また、アルファベットや数字などを組み合わせたナンバリングも比較的多くの人に伝わりやすいでしょう。多くの建物を有する大学であれば、いくらかの法則をもって建物に記号を割り当てることで、留学生にもわかりやすくなるはずです。

(4) 機械翻訳を活用する

　外国語によるコミュニケーションに不安のある人にとって機械翻訳はとても役に立つツールです。これまで全く触れることのなかった外国語であっても、機械翻訳を使うことでコミュニケーションを図ることができるようになってきています。近年では AI 技術の発展もあり、メールなど書き言葉であれば、ある程度の自然な表現を実現できます。また簡単な会話であれば問題なく実用できる状況にあるでしょう。

　ただ、機械翻訳を使う場合でもできる限り伝わりやすい日本語を基に考えるようにします。自動で翻訳されるからといって、複雑な日本語の文章から始めてしまうと、誤訳や意図しないメッセージの伝わり方をしてしまう場合があります。意味が明確で簡潔な文章を翻訳し、相手の反応を確かめながら進めていくという基本姿勢は変わらないととらえるのがよいでしょう。

　近年ではメールなどのやり取りに際し、学生がさまざまな機械翻訳のツールを活用しています。その結果、メールなどでの書き言葉のコミュニケーションには支障がないが、直接の会話がうまくいかないといった事態を耳にします。留学中の学習を円滑に進められるよう、事前にウェブ会議システムなどを使って実際に面談し、会話の能力について確認することも重要です。

(5) 自ら外国語を学んで使う

　異文化コミュニケーションを実践するうえで、難しいかもしれませんが、やはり相手の第一言語を自分自身が使うことが望ましいといえます。留学生であれ、外国人教員であれ、自分が第一言語としている言語を理解する教職員が学内にいることは大きな安心材料となります。あるいは国際的な通用語である英語を使えるようになるのもよいでしょう。どのような外国語であれ、読む、書く、話す、聴くといったすべての技能について一定の水準に達するには時間や労力を要します。しかし、必要性

が高い外国語について少しずつ意識的に学習していくことは今後も必要となっていくはずです。日本で理解する人が少ない外国語であれば、1フレーズのあいさつだけでも相手との関係を構築する契機となるでしょう。自分で学ぶだけでなく、相手に尋ねながら学んでいくのも、コミュニケーションの機会として大切です。

　なお、世界の言語事情は複雑なため、留学生の使う第一言語もさまざまです。英語が得意ではない留学生も多くいます。したがって留学生だからといって、なんでも英語で話してしまうのは適切とはいえません。実際には英語よりも日本語に通じた留学生もいるでしょう。相手に配慮した外国語の使用を心がけます。

第11章 国際化を支える管理運営業務

1 国際化における管理運営業務の意義を理解する

(1) 個人の努力には限界がある

　大学の管理運営業務は、日本の高校を卒業して4月に入学する学生を前提とした仕組みがほとんどでしょう。そのため、海外から日本語の不慣れな学生を10月に1人だけ受け入れるとしても、多くの管理運営業務で例外的な対応や住居確保のサポートといった新たな業務が発生します。

　受け入れる留学生や海外留学する学生が少なければ、教育や研究とあわせて教員が属人的に必要な業務を担うこともできますが、国際化の推進という点においては、個人の献身的な努力だけでは限界があります。教員が教育研究に、学生が学びに集中するためにも、管理運営業務はできる限り組織的に対応することが必要です。

(2) ルールに対応する

　大学教育の国際化はさまざまなルールに対応する必要があります。たとえば、留学生が植物を日本へ持ち込むことや、学生や教職員が海外で植物を採取する場合などは、事前に手続きが必要です。これを怠った場合、その国の法令に抵触し逮捕される場合もあります。

　ルールは国によって異なる上、常に改正されるものでもあるため、教員や学生がそのすべてを理解することは現実的ではありません。教職員

表 11-1　管理運営業務で確認が必要な制度の例

ABS（遺伝資源の取得の機会、及びその利用から生ずる利益の公正かつ衡平な配分）	外国の遺伝資源（動物、植物、微生物の個体やその一部、薬草の効果など遺伝資源の伝統的な知識も含む）を利用する場合は、利用前からその国における ABS の規制を確認することが必要
安全保障輸出管理	安全保障上懸念のある国からの研究者や留学生の受け入れに伴う技術の提供、国際的な共同研究等における技術移転、海外出張等に際しての技術の提供、計測機器や試料等の貨物や技術資料の海外への持ち出し等の際には、経済産業大臣の許可が必要
GDPR（EU 一般データ保護規則）など	国によって個人情報の持ち出しに規制を設けている場合があるため、それぞれの国の個人情報に関するルールの確認が必要

出所　筆者作成

の出張を担当する部署をはじめ管理運営業務を担う部門は、海外のルールにもアンテナをはりましょう。事務手続きの機会に適切なアドバイスをすることができれば、個人も大学も守ることができるのです。

(3)　実績や成果の可視化に対応する

　大学教育の国際化は、教育をはじめさまざまな活動の状況を数値により可視化して説明することが求められる場合があります。たとえば、海外の大学と協定を結ぶための交渉では、自大学の教育プログラムやキャンパスが国際化されている状況を説明します。その時に、自大学の国際通用性をできるだけ数値を用いて客観的に表現し、協定を結ぶに値する大学であることを相手に示していく必要もあります。数値化する項目は、THE（Times Higher Education）や QS（Quacquarelli Symonds）が実施する**大学ランキング***や、文部科学省のスーパーグローバル大学創成支援事業に採択された大学が個別に設定している指標を参考にする方法があります。

　数値化することには抵抗感を抱く教職員もいるため、なぜその項目を数値化するか合理的に説明することも必要です。また数値の改善には全学の協力が不可欠なため、一部の部署や担当者だけの取り組みにならないような工夫が求められます。

表 11-2　大学教育の国際化に関する指標の例

多様性	外国人及び海外の大学で学位を取得した常勤教員の割合 教職員に占める女性の比率 全学生に占める留学生の割合
流動性	国内学生に占める海外留学経験者の割合 大学間協定に基づく交流数
語学力関係	外国語（英語）による授業科目数・割合 外国語（英語）のみで卒業できるコースの数
教務システムの国際通用性	シラバスの英語化の割合 科目ナンバリングの導入状況

出所　スーパーグローバル大学創成支援プログラム委員会（2014）を参考に筆者作成

(4) 業務の状況を見直し改善する

　大学教育の国際化を支える管理運営業務の中には、担当部署を明確にすることが難しい業務があります。この場合、さしあたりその業務を例外的に扱うといったその場しのぎの対応が行われるかもしれません。こうした状態が続くと、国際化に貢献する部署や担当者の負担が増加し続けるといった課題があります。管理運営業務は、定期的に整理しない限り膨張し続けるものです。国際化に伴い発生する新たな管理業務の分だけ、学内手続きの簡素化やペーパーレス化など既存業務の実施方法の見直しも必要です。

2　業務を国際化する

(1) 使用言語を多言語化する

　大学教育の国際化を支える管理運営業務の代表的なものとして、外国人をキャンパスに受け入れるための環境整備があげられます。その第一歩は、それぞれの部署が日本語以外の言語も積極的に用いることです。日本語と英語の2カ国語表記が一般的ですが、必ずしも日本語と英語にするという決まりはないため、キャンパスに滞在する外国人の使用言語

の多いものから選んで使用するほうがふさわしいでしょう。

　使用言語の判断はそれぞれの部署まかせにせず、企画課のような総括する部署がルールや方針を示したほうがよいでしょう。特に、制度や部署の名称をそれぞれに任せてしまうと、同じ意味で違う単語がいくつもできてしまい混乱の原因となってしまいます。

　なお、多言語化する際には、単純に併記するのか、言語別に別の冊子を用意するのかなどを検討する必要があります。3言語以上を併記する場合、すべての言語を小さくしてしまうと誰にとっても読みにくくなるため、フォントの大きさには注意しましょう。

(2) キャンパスアメニティを対応させる

　外国人が生活しやすくするためには、それぞれの生活スタイルをできるだけ変えずに過ごせるようにすることもあげられます。たとえば、イスラム教では食べ物についていくつかの決まりがあります。豚肉を食べることはできず、ほかの肉もイスラム教で決められた手続きをとって用意された**ハラル・ミート**とよばれる肉しか食べられません。アルコールも口にすることができません。イスラム教徒にとって食材の情報を知ることは重要で、その基準をクリアした**ハラル・フード**＊であるものをハラル認証としてわかりやすく明示する方法があります。この認証マークの活用や食材を明示することで、安心して生活できるための工夫をして

第 11 章　国際化を支える管理運営業務　｜　147

いる大学の食堂や売店も増えています。

　食事以外でも祈祷スペースの確保などの対応が必要な外国人もいます。そのため、施設課や食堂・売店も国際化の役割を担っているといえます。食堂や売店を外部の業者に委託している場合、国際化対応に必要な経費を大学が負担する場合もあるでしょう。また、食事や祈祷スペースのことは災害時においても重要であるため、大学の危機管理部門も対応が必要です。

(3)　金銭のやりとりを円滑にする

　外貨を日本円に両替する際にはその手間と手数料が管理運営業務の負担となっている場合もあります。たとえば、留学生が授業料を納付する際、日本円で固定された金額を現地の通貨で支払う際には為替ルートと両替手数料を勘案しなければなりません。これは、教員が海外に支払うべき費用の際にも同じ問題が発生します。こうした場合、クレジットカード払いを認めることや、決済代行業者を活用することで負担を軽減できるでしょう。

(4)　学外資源も活用する

　留学生や外国人の教職員が少ない大学では、多言語化や多様な文化への配慮などの実施が困難です。その際は地元自治体や大使館・領事館などに相談する方法もあります。たとえば、地元自治体が外国人向けに提供している支援メニューを、留学生が参加しやすい時間帯にも設定するよう依頼します。地元自治体などの公的機関にキャンパス周辺の外国人コミュニティの紹介を申し出るのもよいでしょう。地元の**ボランティア***が、留学生の支援を担うなどの取り組みも考えられます。

　地域によっては、留学生と地元住民との間に摩擦が生じているという事例もあります。お互いの理解を促進し摩擦を緩和するためにも、留学生や外国人教職員の支援はキャンパスの中だけで完結するのではなく、地域全体で国際化を目指し、大学がその中核を担うことが期待されてい

ます。

3 業務を担う人材を確保する

(1) 教職員が国際化を担う

　大学教育の国際化を推進する際に、教職員を国際化するという表現を使う場合がありますが、それはどのような意味をもつでしょうか。1つは、外国人の教職員を雇用するといった、採用の視点です。もう1つは、英語で授業や学生対応ができる教職員を増やすといった、各々の教職員のもつ能力や経験の視点です。

　そもそも、大学教育の国際化を主に担う人材が教員か職員かは大学によって異なります。そのため、ある大学で教員として採用され国際化に関する事業を担当していた人材が、他大学に転職したら職員として採用されたという事例も珍しくありません。これはそれぞれの大学の組織文化や、教職員にそれぞれどのような役割を期待しているかの違いにより起こりえるでしょう。

　教育研究活動等の運営が組織的かつ効果的に行われるように、2022年に**大学設置基準***の改正が行われました。教員と職員の協働や組織的

表 11-3　国際化を担うスタッフの業務と役割の例

教育プログラム	プログラムの立案	教員が一般的
	ガイダンスの実施	教員や職員
	履修指導やアカデミックアドバイジングなど各種相談対応	教員や職員
	委員会に関する業務	職員が一般的
	契約などの事務手続き	職員が一般的
学生募集	海外へのプロモーション活動	教員や職員
	入学選考の実施方法検討	教員や職員
	入学選考の実施（面接など）	教員が一般的

出所　筆者作成

第 11 章　国際化を支える管理運営業務　｜　149

な連携体制を確保することを目的として、教員組織という文言が削除され、新たに**教育研究実施組織***という考え方が導入されました。今後は、教員と職員のどちらかではなく、どちらも国際化に関与していくことが期待されます。教員か職員か、どちらで採用するかは、どのような業務や役割を担うか、どの条件であれば期待している人材を確保できるか、といった内容が判断のポイントになってくるでしょう。

(2) 専門人材を雇用する

海外の大学との交渉や留学生の募集活動など、大学教育の国際化に関する業務の中には、専門知識や経験がなければ責任を担って業務を遂行できないものがあります。これらの知識と経験を備えた教職員が、専門人材として各地の大学で活躍している例もあります。

専門人材の例として、研究支援の分野ではURA（リサーチ・アドミニストレーター）があります。これは国がはじめから制度化して導入したもので、期待される役割や身につけるべきスキルが一般社団法人リサーチ・アドミニストレーション協議会によって標準化されています。

一方で国際化は、経験のある教職員がネットワーク化していくことで、徐々に専門人材として認識されるようになってきている段階で、制度として統一化されたものはまだありません。ただし、政策的には、「国際交流や資金調達、産学連携などにおいて高度で専門的な知識や経験を有する「アドミニストレータ職」を始めとした国際的な業務において高い資質・能力をもった職員の採用・育成を促進する」と、国際化を推進する教職員の専門人材化の方向性を示しています（教育未来創造会議2023）。

国際化の事業を立ち上げる段階では特に専門人材の存在は大きな推進力となります。制度として統一化されたものではないため、採用にあたっては、それぞれの大学においてどのような役割と業務を担うのか明確にし、候補者がそれに合致する知識や経験があるかをしっかり見極めることが求められます。

> **コラム　誠実さは伝わる**
>
> 　英語しか話すことのできない外国人の任期付教員Ａ先生とお仕事をする機会がありました。Ａ先生は研究だけでなく、教育や大学運営にも積極的に協力するのですが、次々と新しい提案を出すことについては事務局も少し面倒に感じていました。それを察したのか、Ａ先生は少しずつ研究室にこもるようになってしまったのです。当時の私は英語が全くといっていいほど苦手で、Ａ先生とも筆談や身振り手振りでのやりとりがメインでした。ただ、できるだけ避けることはせず、ほかの教員と同じように誠実に対応をするように心がけていました。
>
> 　その後Ａ先生は帰国し、私も別の部署へ異動しましたが、数年後、Ａ先生が改めて本学へ採用され私が担当する部署で再会することになりました。以前よりも日本語が話せるようになったＡ先生と、少しは英語が話せるようになった私は、言葉でコミュニケーションがとれるようになりました。すると、Ａ先生から、当時はどんな些細なことでも誠実に対応したことを覚えていること、だからこそ、私からの頼まれごとは最優先でやろうと思っていたことなどを話してくれました。
>
> 　誠実に対応することは言葉以上に通じるもので、このあたりまえの積み重ねが教職協働につながるのだと思います。

(3)　外国人教職員を雇用する

　外国人教職員を雇用することで大学教育の国際化を進める大学もあります。すでに日本に住み、日本語で仕事をしている場合は、日本の慣習などに慣れているので受け入れのハードルはそれほど高くありませんが、特定の専門性を期待して外国から直接受け入れる場合には、さまざまな支援が必要です。

　大学によっては外国人教職員の受け入れ支援を専ら対応する部署や担当者を配置しています。外国人教職員の中には、報酬額だけでなく、学内に自由に使えるスポーツジムや託児所があるか、といったキャンパスアメニティを重視している場合もあります。交渉を円滑に行うために人材獲得専門の担当者を配置する大学も増えています。それらができない大学の場合では、受け入れの窓口教員がすべての手続きを代行すること

表 11-4　外国人教職員の受入支援の例

雇用条件の交渉と契約	雇用期間・給与・福利厚生・職位など
生活環境の準備	行政機関での手続き・住居の確保・電気ガス水道の手続き・通勤ルート確認・（車であれば）運転免許証の手続き・銀行口座開設・同行家族の学校の手配など
研究環境の準備	研究室確保・研究支援スタッフの手配など
授業準備の支援	シラバスなどの学内教員による代理入力など

出所　筆者作成

となるため大きな負担となるおそれがあります。

　受け入れた後も支援は必要です。たとえば委員会や入試、保護者会や高校訪問などは、日本語でコミュニケーションの取れない外国人教員にとっては担当することが困難な場合があります。それらの業務を日本人教員が代わりに引き受けたり、受け入れの窓口教員に通訳の役割を担わせてしまうと、受け入れ側の負担は増えてしまいます。

(4) 外国人雇用における義務を理解する

　外国人教職員を雇用する際、採用・離職時の届出と、適切な雇用管理の2つの義務が大学にはあります。大学が外国人を採用する際に、大学は採用者の在留カード、パスポート、資格外活動許可などにより、募集している業務を従事できる資格を有しているかを確認しなければなりません。また、在留期限を過ぎていないかを確認することも必要です。就労について問題がなく採用した場合、大学は採用の翌月末日までにハローワークの外国人雇用状況届出システムを利用して届出を行います。離職した場合も同様の届出を要します。なお、社会保険に関する諸制度は外国人教職員にも同じルールで適用されるため、これらの手続きや雇用した外国人教職員への説明も必要となるでしょう。

　採用した後も、大学は適切な雇用管理として、外国人教職員が安心して働き、能力を十分に発揮できる環境の確保をしなければなりません。労働基準法や健康保険法などは国籍関係なく適用されるので、たとえば、超過勤務や休暇に関するルール、健康診断などは、それらの制度を趣旨

から丁寧に伝えなければならないでしょう。

4　円滑に遂行するための工夫をする

(1)　業務分担表を工夫する

　大学業務の多くは、業務分担表を細かく作成し、それを担当する教職員をあらかじめ明確にすることで円滑に遂行されます。ただ、国際化に関する業務は、年度当初には想定していなかった事態が度々発生します。事前に想定していた業務でも、対応する量や質が大きく変化するなど、業務分担表のとおり運営されないことが多いといえます。

　教職員の中には分担表に記載されていない役割や業務を担うことを好まず、それが続くと意欲が低下してしまう状況も起こります。これらの問題を軽減するため、分担表を業務名だけで作成するのではなく、まず求められる役割を規定し、担当する業務名をそれに応じて列挙するといった対応などが考えられます。

表 11-5　役割を記載する業務分担表の例

	役割	主な担当業務
課長　A	国際化推進の全体調整	執行部会議 業務全体の進行管理 他部門との調整 ・・・・
係長　B	留学生支援の拡大	事業計画の策定 予算獲得 ・・・・
主任　C	留学生支援制度の運用	国際交流委員会 予算執行 ・・・・
専門員　D	留学生の個別支援	支援プログラムの実施 学生面談 ・・・・

出所　筆者作成

(2) 他部門の教職員の関与を促す

　国際部門以外の教職員に留学フェアのサポートを依頼するなど、国際化を支える業務にかかわる機会を意識的に設ける方法があります。これにより、国際部門の業務が一時的に軽減するという効果以上に、多くの教職員が自大学の国際化を自分事と認識して、国際部門と他部門の連携が円滑になるといった効果も期待できます。

表11-6　他部門の教職員がかかわることのできる事業の例

海外留学プログラムの運営サポート	国際部門の教職員が担う説明会や海外派遣業務の一部をサポート 学生の成長の変化を間近で感じることができ、国際化に関する事業の意義の理解への期待
留学生の日本文化体験プログラムに参加	お祭りや田植え体験といった、留学生向けのプログラムにサポート役として参加 外国語を使う機会となるため、語学力向上のモチベーション向上への期待
留学フェアに参加	日本への留学を希望する留学生向けのイベントに説明者の1人として参加 留学生が自大学の何に惹かれるのかを知る機会となり、どの大学業務が国際化に関係しているかの理解への期待
会議への参加	国際化に関する会議に参加 議論に参加することで、自大学の国際化の課題に対する自分事としての理解への期待

出所　筆者作成

(3) 外部委託することも検討する

　大学教育の国際化に関する業務は、専門性が求められる業務である一方、どの大学も同じような手順で実施する業務も少なくありません。そのため、特定の業務を引き受ける民間企業のサービスがあります。

　一方で、外部委託には注意も必要です。たとえば、委託先の企業が学生の**個人情報***を漏洩してしまった際に、大学側にも何らかの責任が問われる場合があります。また、委託し続けた結果、その業務に関する知識や経験を有する職員が1人いなくなってしまい、委託先へ的確に指示が出せなくなってしまったというケースもあります。委託した業務であっても、その内容を大学側でも理解できる状況を維持しておくことが

表 11-7　国際化に関する業務の外部委託例

学生支援部門	留学生の募集 留学生の生活支援 留学先の斡旋 安否確認サービス 短期語学研修プログラムの運営
総務部門	外貨による収納代行 外国語への翻訳 学内会議の同時通訳

出所　筆者作成

必要です。

(4) 教職員の能力開発を充実させる

　大学教育の国際化に関係する教職員が協働して大学教育の国際化を推進するためには、大学の既存のさまざまな制度の理解が不可欠です。たとえば、諸外国の**単位制度***を理解していたとしても、日本の**単位認定***の根拠法令と、それが自大学では実際にどのような運用がなされているかを知らなければ、留学プログラムを全学に広めることはできません。また、留学プログラムに学生を送り出している側の教務部門の教職員も、諸外国の教育制度の理解が求められます。そうでなければ、国際部門の提案を自分の力で理解することが難しく、建設的な議論ができないでしょう。国際部門と教務部門の共通部分における基本的な知識は大学教育に携わるすべての教職員が身につけなければならないものです。

　SD*は、大学運営のために必要な能力開発を目的にするものです。職員だけでなく教員も対象です。大学教育の国際化は、教員と職員が連携しなければ円滑に実施できない大学業務の1つであるため、教職協働でSDを実施するには絶好のテーマともいえるでしょう。

第 11 章　国際化を支える管理運営業務　155

# 第12章 国際化を推進する組織と運営

1 国際化は推進力が必要である

(1) 方針や計画をつくる

　大学教育の国際化に対する考え方は個人によってさまざまです。さらに、大学教育の国際化は、海外留学や外国人教員の招聘といった大学の財政に与えるインパクトの大きい事業が多いことも特徴です。それぞれの教員の考え方や個々の学生のニーズに合わせた教育を実現しつつ、限られた経営資源を有効に活用するためには、大学としての方針や具体的な計画が不可欠です。

　方針や計画を策定するうえでの課題は大学によってさまざまです。たとえば、規模の大きな大学は、学部ごとで国際化のあり方について意見が異なります。大学としての方針を明確に示すことが難しいという課題を抱えている場合もあるでしょう。同じ大学の中であっても、留学生を増やすことが国際化の実現に寄与すると考える学部がある一方で、教員の研究活動を国際展開しその成果を教育に還元することが国際化における優先事項と考える学部もあるかもしれません。

　全体最適を優先してしまうと、総花的な方針や計画となってしまい、国際化に必要な環境整備が効率よく進まないということもあります。そのため、方針や計画の策定にはリーダーシップを発揮できる組織づくりが重要です。

表 12-1　方針や計画の策定を担う組織やポストの例

国際推進機構のような全学組織を設置	機構長：国際担当の副学長 機構の主要メンバー：各学部からの代表者 機構の会議で方針や計画を策定し、大学の最終意思決定会議に提案し決定
部局の1つとして国際センターを設置	センター長：国際センター以外の教員がセンターを兼務しセンター長を担うことが多い センターの構成員：留学および留学生支援を専門とする教員を専属で配置 センターの会議で方針や計画を策定し、各学部と調整したうえで、大学の最終意思決定会議に提案し決定
大学教育の国際化を担当する事務局を設置	事務組織で方針や計画を策定し、内容に合わせて既存の会議体に提案し決定

出所　筆者作成

(2) 学内を調整し推進する機能を設ける

　実効性のある方針や計画を策定するためには大学全体の視点で考え、利害関係者を調整できる組織やポストが必要です。学長室や企画課といった全体をマネジメントする既存の組織で対応する大学もあれば、新たに専門の組織を設置して推進しやすい環境を整備する大学もあります。

(3) 担当する組織を決める

　大学教育の国際化に関する業務の多くは、国内学生だけを対象に行ってきた業務に留学生を加えるといった、既存の業務と重なるものがあるため、どの部署が担当するかが論点となります。また、国際化のための新しい事業の実施が、他部署の業務に影響を与えることもあります。そのため、国際化に関する業務をどこで担うかは単純ではありません。

　また、大学の業務は意思決定をする組織と実行する組織が異なる場合があります。たとえば教務委員会と教務課であれば通常は1対1の対応になりますが、留学生に関することになると、委員会組織と事務組織が錯綜し、業務が煩雑になってしまうものです。

　このように、大学教育の国際化に関する業務は、方針や計画を定め、

具体的な施策があったとしても、どこで何を担当するかを学内に落とし込むことが難しい業務であるといえるでしょう。そのため、副学長などのリーダーがあらかじめこれらを明確に指定するといったトップマネジメントが期待されます。

(4) 財源を確保する

　方針や計画があり、効果的な施策のアイデアもあり、対応する組織が明確になったとしても、財源がなければ実行することは困難です。既存事業を廃止して、その資金を新たな事業のために活用する方法が財源の確保としてまず考えられることでしょう。しかし、大学教育の国際化に関する事業の多くはまとまった資金が必要なため、単純なスクラップアンドビルドでは難しい場合も多いです。

　財源を確保する方法の1つとして国の補助事業に申請することがあります。もし採択されれば、財源確保だけに終わりません。採択されたという実績が広報に活用できるなどさまざまな副次的な効果も期待できます。しかし、補助期間はあらかじめ定められているため、いつかは自己収入で賄わなければならないといった課題もあります。大学によっては卒業生からの寄付金や学費の値上げ、受益者負担の考え方から事業ごとに利用料を徴取するといった工夫をしています。これらの業務は各大学の財務担当者と緊密な連携が不可欠です。

2　海外の大学とは組織で連携する必要がある

(1)　個人のつながりから発展する

　国際化を大学として推進するためには、海外の大学とのつながりを個人まかせではなく大学組織として連携する仕組みが不可欠です。たとえば、学生の留学先を確保する場合、留学先の大学と自大学の教育内容をお互いが理解し、学生を受け入れてもらうための条件などを整理し、そ

れらを合意して協定を結ぶといった段階を追った対応が求められます。

連携する相手先を見つける方法として、個人のつながりから発展させるという方法があります。たとえば、教員が海外の大学の研究者と共同研究を長く続けていて、お互いの信頼関係から、その海外の大学の研究室に大学院生を一定期間受け入れてもらうという方法です。この場合であっても、海外の大学の施設を使うこととなるため、何らかの協定を締結するべきでしょう。

しかし、個人のつながりをきっかけとすることには課題もあります。大学間で協定を締結したとしても、特定の教員だけが関与するため第三者から実態がみえなくなることも少なくありません。協定を締結したあとはメンバーを固定化せず、さまざまな教職員がその大学との連携事業に関与できるようになるなどの工夫が必要です。

(2) 海外フェアでつながる

海外の国際教育交流のためのネットワーク組織が実施する年次大会に参加して、海外の大学とのつながりを構築する方法もあります。有名な団体としては NAFSA（Association of International Educators）、EAIE（European Association for International Education）、APAIE（Asia Pacific Association for International Education）などがあり、3～4日程度の大会期間中には、各大学が設置したブース、ワークショップ、レセプションなどに参加して海外の大学とのつながりをつくることができます。

日本には特定非営利活動法人 JAFSA（国際教育交流協議会）が国際交流のためのネットワーク組織として存在します。300以上の大学などが

表 12-2 海外の国際交流団体の例

	設立年	大会の開催時期	ブース数
NAFSA（北米）	1948年	5～6月	300程度
EAIE（ヨーロッパ）	1989年	9月	200程度
APAIE（アジア）	2004年	3月	100程度

出所　特定非営利活動法人 JAFSA ウェブサイトを参考に筆者作成

会員として登録しており、JAFSAを活用することで海外とのつながりを確保する方法もあります。

(3) 推進するための協定を締結する

　海外の大学とのつながりを国際化の推進に活かすためには、お互いが合意した条件を明文化して協定を結ぶことが一般的です。どのような内容を協定として結ぶかはさまざまです。たとえば、お互いの大学の研究者がそれぞれの大学の研究資源を利用する研究協定や、学生の留学を受け入れる学生交流協定などがあります。また、大学全体で協定を結ぶだけではなく、特定の部局等だけで結ぶ方法もあります。

表 12-3　外国大学と組織として取り交わす合意文書の例

MOU（Memorandum of Understanding）	協定を正式に締結する前段階の合意文書や、学生交換協定など具体的な協定のベースとして取り交わす文書。日本語では覚書ということが多い。
全学の大学間協定	大学どうしで結ぶ協定。協定の内容は研究者の交流程度のものから学生交換、ダブルディグリーに関する事項などさまざまである。
部局間協定	海外の大学と特定の学部どうしに限り結ぶ協定。内容は全学の協定と同じくさまざまである。

出所　筆者作成

協定の内容の中には、遺伝資源を国外に持ち出す際の国際的な取り決め（ABS：Access to genetic resources and Benefit Sharing）に基づく条項を加えるなど、専門分野によっては法的解釈を伴う専門的なものも存在します。そのため、協定締結の流れの中に法律の専門家に確認する**リーガルチェック***を加えている大学もあります。

　研究や留学をする関係者間で内々に条件を合意していたとしても、協定は大学や学部といった組織間で締結するものです。自大学と相手先大学それぞれの意思決定の流れやスケジュールを事前に確認しておくことが必要です。

(4)　海外オフィスを活用する

　海外の大学との連携をさらに促進するために、海外にオフィスを設ける例もあります。海外オフィスは自大学の教職員が常駐する形態のほか、海外の大学などの中にオフィスを設け、運営そのものを委託してしまう方法もあります。現地スタッフの雇用や給与などは日本と制度が異なるため、法的に問題がないか十分に確認をすることも必要です。

　海外オフィスでは留学生の募集活動や自大学の教職員や学生の海外活動の支援などを行います。海外オフィスを自前で設けることが難しい場合は、日本学生支援機構のタイやマレーシアなどの事務所による広報活動の支援を活用することも可能です。

3　大学にあった執行体制を考える

(1)　組織を新設し分離する

　大学教育の国際化に関する業務は対象が日本人と外国人で対応の異なるものが多いため、既存の部署で対応するのではなく、国際課といった専門部署を新設することがあります。その部署には、外国語でコミュニケーションを取ることができる、海外の大学と交渉した経験があると

いった経験や専門性を有する教職員を新たに雇用し、国際化に関するさまざまな業務を一手に引き受けることが一般的です。

すると、教務課、人事課、情報システム課といった既存の部署が、本来であれば自分の部署で対応できるはずの定型業務でさえ、外国人という理由だけで何でも国際課に任せてしまう状態になってしまうことも少なくありません。マンパワーは有限であることを踏まえ、業務内容によっては既存部署で対応することも必要です。

(2) 関係者が固定化する

大学教育の国際化に関する事業は、教員の立場からすると、それが自分の専門分野に関連していれば関与することにメリットを感じることがあります。職員の立場からみれば、外国語で仕事ができる、留学をしたことがあるといった個人の能力や経験で国際化に関する業務を割り振られる傾向にあります。その結果、全学の構成員に対して事業を広く実施したとしても、それにかかわる教職員が結果的に固定化されてしまうという課題を抱えている大学は少なくありません。

その状況が続いてしまうと、大学の国際関係予算でいつも同じ教員が教育プログラムを申請することになってしまうでしょう。その教員が他大学などへ転出してしまうと、そのプログラムが消滅してしまうという事態も散見されます。大学教育の国際化に関する事業を継続していくためには、さまざまな立場の教職員に事業の目的や活動状況を広く共有することで理解者を増やすなどの工夫も必要です。

(3) 分離と固定化による課題に対応する

組織の新設や教職員の固定化によって、新規事業の業務を誰が担うかを決めることや、合意形成に時間がかかるなどといった、既存の組織にありがちな調整のためのコストが少なくて済むかもしれません。しかし、それを続けてしまうことによって、大学教育の国際化がいつまでも全学に広がらない、国際化に関する事業が既存の組織でばらばらに実施され

るといった非効率な状況になることもあります。

　このような課題を緩和するためには、既存の組織との連携が重要ですが、国際化を担う教職員を外部から招いたり、任期付きで雇用している場合は、組織間や教職員間の連携を目的とした打ち合わせを定期的に設けたりするなどの仕掛けも必要です。打ち合わせの場では、それぞれの立場の違いから衝突することもあるかもしれません。たとえば、国際課と他部署で業務分担の見直しをする場面において、担当者レベルの打ち合わせではなかなか議論が進まないことがあります。もし、さまざまな立場の教職員が日ごろから連携していれば、単純な業務の押し付け合いではなく、スタッフの配置数や予算の配分方法などを含めた総合的な調整によって、より建設的に議論を進めることができるかもしれません。

　組織間や教職員間の連携は1対1の細い線ではなく、たくさんの線を意識的に作り出し面のような状態にすることで、分離と固定化による課題を緩和することができます。

(4) それぞれの大学にあった体制を検討する

　大学はそれぞれに規模や組織文化、将来像が異なるため、大学教育の国際化を推進し、円滑に業務を実施する体制は一様ではありません。一方で、大学業務を取り巻く状況は変化し、構成員も変化していくため、業務分担や組織体制は定期的に点検し必要に応じて調整することも求められます。

```
事務局長　─　次長　─　総務企画課
                      国際戦略室
                      教職員支援室
                      アドミッションオフィス（国際）
                      アドミッションオフィス（国内）
                      学生サポートオフィス
                      キャリア開発オフィス
                      学術情報基盤センターオフィス
```

図 12-1　国際化を推進する事務組織体制の例
出所　筆者作成

特に、国際化に関する事業を持続可能なものとするためには、専門性を有する教職員の確保や学内で活躍できる環境の構築に関する課題と、それぞれの組織にどのような役割や業務を担ってもらうかという課題があります。たとえば、学生募集は国際と国内で組織も担当者も分けて対応するが、入学後の教務事務は国内学生も留学生も教務課で一元的に対応するという方法があります。これによって、限られたマンパワーを有効に活用しつつ、分離や固定化による課題を緩和することも可能です。

　大学教育の国際化を進めるためには、どのような課題が存在し、それを緩和するためには、どのような体制が有効なのか、大学全体で議論をしていくことが必要です。

4　国際化を推進するために

(1)　組織をマネジメントする

　大学の業務の多くは、教員と職員のすみ分けや意思決定の仕組みなど、遂行するための仕組みがそれぞれの大学の組織文化を踏まえて確立されています。一方で、大学教育の国際化に関する業務は、業務そのものの変化が大きいこともあり、担い手も意思決定もそのつど手探り状態である場合が多いです。それを、教員と職員、常勤と非常勤、ジェネラリストとスペシャリストといったさまざまな立場の教職員で進めなければなりません。そのため、国際部門はマネジメントが難しい組織といえるでしょう。

　さまざまな立場の教職員で業務を進める組織は、立場によって知っている情報や理解に差があることによる認識の相違が、コミュニケーション不足につながることもあります。多様な人材を活かして業務を遂行するためには、情報共有や意見交換ができる場を設けるなど、共通認識をもつ機会を意識的に設けることが必要です。

(2) 意思決定の過程をデザインする

　大学は**合議制***で物事を決定することを前提としている組織です。すべての事業は何らかの会議体で議論し、それを決定できる会議で承認する必要があります。この過程の中で、誰が新しい企画を提案するかによって、その後の流れは大きく変わることがあります。たとえば、国際部門の担当者が新しい企画を考えて、ボトムアップで各段階の会議を通ってきたとしましょう。どこかの段階で反対意見が出てしまうと、提案の実現に時間がかかってしまうかもしれません。

　しかし、その企画の提案が学長や執行部のものであったとすれば、それぞれの過程で出てくる意見がボトムアップの時とは変わってくることもあります。一方で、学長の一声だけで企画を実施することは大学の組織文化になじみません。多くの場合は何らかの会議体で議論してから意思決定することが通常です。いわゆる企画の正当性をどのように担保するかが重要で、そのためには誰が提案し、どの段階から議論するかという意思決定の過程をデザインすることが国際化の推進には不可欠です。それぞれの大学の意思決定の過程を理解するためには、学内のさまざまな業務に精通している他部門の教職員にアドバイスを求めることも有効です。

(3) ボトルネックを減らす

　正当性を担保された企画が決定したとしても、実際にどの部門が業務を担うのか問題になることがあります。たとえば、常に特定少数のメンバーで議論していたり、情報を共有していなかったりすると、いざほかの部門に業務を依頼する時の反対意見は大きくなります。一方で、新しい企画はほかの部門にとっては業務負担が増える場合が多いため、議論の段階から参加していても反対意見ばかりで企画が実現しなくなる可能性もあります。そのため、どの段階で議論に関与を求めるか、情報を共有するかが企画決定後の円滑な事業運営の鍵となるでしょう。

> **コラム　教務部門と国際部門の架け橋**
>
> 　大学執行部の提案で留学を必須とする副専攻プログラムを自大学で導入することになりました。しかし、導入の経緯に納得のいかない学内関係者が多く、担当する部門がなかなか決まりませんでした。教務部門からは「そもそもは国際部門からの発案であり、留学を含むのだから国際部門で担当すべき」という声がありました。一方で、国際部門からは「単位認定をはじめとした教務を担当したことがないため、教務部門で担当することが実質的だ」という声もあがり、双方の溝が埋まりませんでした。この状況を打開するために、教務と国際を兼務するという発令により私がチームリーダーとして担当することになりました。
>
> 　双方の部門の職員から話を聞くと、教務部門の職員は国際業務の全体像を把握できておらず、国際部門の職員も全体像を把握できている人はほとんどいないことに気づきました。また教務部門の実践的な知識を学ぶことは、国際部門の職員には少しハードルが高かったことも課題に感じました。そこで、お互いのことをともに学びあう機会を設けたところ、国際化に伴い新たに導入された制度やさまざまな業務について双方で誤解していたことに気づき、建設的に協力する風土が醸成されたのです。国際業務の多くは国際部門だけでは解決できません。既存の部署との架け橋となるスタッフを育てる機会を設けることが有効です。

（4）　総合力が必要だ

　オンライン教育の環境や、2022年の**大学設置基準**＊の改正などにより新たに導入された特例制度など大学教育の裁量の拡大を活かせば、それぞれが目指す大学教育の国際化をより進展しやすくなりました。

　そのためには、学内教職員の多くが教育の国際化を自分事ととらえ、あちこちでアイデアが生まれ、あらゆる部門が連携して推進する風土づくりが求められています。これからの国際化は、大学の資源を統合し、総合力として引き出し活用していくことが必要です。

資　料

1　やさしい日本語を実践するためのポイント

　日本語の学習途上にある留学生などとの日本語のコミュニケーションを実施するうえで、やさしい日本語の考え方は有効です。ここでは、やさしい日本語を実践するためのポイントについてまとめています。以下のポイントを場面に応じて意識することで、日本語でのコミュニケーションがより円滑になるでしょう。

情報の整理

- 伝えるべき内容を精選する
- 伝える順序を明確にする
- 伝えたいことは早めに示す
- 伝える内容が多い時には箇条書きで整理する

語彙

- 漢語よりも和語を使うようにする
    - 例）「無料です」→「お金は　いりません」
    - 　　「記入してください」→「書いて　ください」
- 外来語（カタカナ語）は可能な限り使わない
- 略語は可能な限り使わない
    - 例）「健診」→「健康診断」
- 複合動詞は細かいニュアンスが伝わりにくく、理解が難しいため可能な限り使わない
    - 例）「打ち解ける」、「取り上げる」、「書き留める」、「引き払う」
- 方言は可能な限り使わない
- 専門用語は可能な限り使わない
- 不要な表現を避ける
    - 例）「貸与を実施します」→「貸します」
- 災害時などによく使われる言葉など知っておくべき言葉は意味を補ってそのまま使う。
    - 例）「津波〈とても　高い　波〉」
- 擬態語や擬音語は避ける

・時間や年月日は外国人にも伝わる表現とする
・慣用句はできる限り使わない
　　例)「腕を上げる」「目が高い」

文章

・一文を短くする
・一文に主語と述語を一組だけ含むようにする
・必要に応じて情報を補足する
・名詞にかかる修飾句を可能な限り簡潔にする
　　例)「共通教育をはじめとしたこれまですべての授業科目における履修単位」
　　→「これまでの　履修単位」
・動詞は名詞化せずに動詞文で用いるようにする
　　例)「電車に遅れが生じた場合には」
　　→「電車が　遅れた　場合には」
・受身や使役表現は可能な限り使わず主語を示す
　　例)「提出された書類は」
　　→「みなさんが　提出した　書類は」
　　「この書類は教員から教務課に提出させてください」
　　→「この　書類は　教員が　教務課に　提出します」
・二重否定は可能な限り使わない
　　例)「ないわけではありません」→「あります」
・文末表現は可能な限り「です」「ます」で統一する
・尊敬語や謙譲語は使わない
・曖昧な表現は可能な限り避ける
　　例)「結構です」「大丈夫」
・婉曲的な表現を避ける
　　例)「〜していただけますか」→「〜して　ください」

話し方

・全体的にゆっくり話す

- 語尾などを含め明瞭に発音する
- 相手の理解をそのつど確認する

書き方

- すべての漢字に読み仮名をふる
- 文節ごとに分かち書きにして文の構成を把握しやすくする
- フォントなどをユニバーサルデザインとする
- できる限り絵や図表を活用する
- 周囲の日本語教員や外国人教職員にわかりやすさを確認する

出所
文化庁「在留支援のためのやさしい日本語ガイドライン」、法務省「やさしい日本語手引き」のほか、各自治体の作成するやさしい日本語関連の手引きなどをもとに作成

2 大学教育の国際化業務のためのウェブサイト集

【海外の教育事情】
文部科学省「世界の学校体系」
　https://www.mext.go.jp/b_menu/shuppan/sonota/detail/1396836.htm
高等教育資格認証情報センター「外国の教育制度について」
　https://www.nicjp.niad.ac.jp/foreign-system/
高等教育質保証の海外動向発信サイト QA UPDATES
　https://qaupdates.niad.ac.jp/
UNESCO International Standard Classification of Education（ISCED）
　https://uis.unesco.org/en/topic/international-standard-classification-education-isced
World Education Services Education System Profiles
　https://wenr.wes.org/category/education-system-profiles
World Education Services Country Resources
　https://applications.wes.org/country-resources/resources.asp

【業務一般】
文部科学省「国際教育」
　https://www.mext.go.jp/a_menu/01_f.htm
大学改革支援・学位授与機構「質保証・国際連携」
　https://www.niad.ac.jp/consolidation/
JAFSA（国際教育交流協議会）公式ウェブサイト
　https://www.jafsa.org/

【学生の送り出し】
日本学生支援機構海外留学情報サイト
　https://ryugaku.jasso.go.jp/index.html
トビタテ！留学 JAPAN 公式ウェブサイト
　https://tobitate-mext.jasso.go.jp/
外務省海外安全ホームページ
　https://www.anzen.mofa.go.jp/
NPO 法人海外留学生安全対策協議会（JCSOS）公式ウェブサイト
　https://www.jcsos.org/traveler
NAFSA 公式ウェブサイト
　https://www.nafsa.org/

【留学生の受け入れ】
出入国在留管理庁「在留資格「留学」」
　https://www.moj.go.jp/isa/applications/status/student.html
日本学生支援機構「留学生支援」
　https://www.jasso.go.jp/ryugaku/
日本学生支援機構「Study in Japan」
　https://www.studyinjapan.go.jp/ja/
日本学生支援機構「日本留学試験（EJU）」
　https://www.jasso.go.jp/ryugaku/eju/
日本語能力試験（JLPT）公式ウェブサイト
　https://www.jlpt.jp/
一般財団法人日本語教育振興協会公式ウェブサイト
　https://www.nisshinkyo.org/
scholaro GPA Calculator
　https://www.scholaro.com/gpa-calculator/

※いずれのウェブサイトも 2024 年 10 月 31 日最終確認

3　用語集　＊用語のあとの数字は、本書中に登場するページです。

COIL → 10, 50
異なる地域や文化圏にいる学生がオンラインを通じて行う協同学習の方法。Collaborative Online International Learning の略称。物理的な移動をすることなく異文化理解やグローバルな視点の獲得が期待される。

EMI 科目 → 48
英語を主たる教授言語として行う授業科目。English-Medium Instruction の略称。専門科目を英語で提供する授業科目などが該当する。異なる第一言語の学生どうしが共通の言語で学ぶことを可能にするほか、国際的な学術交流を促進することが期待される。

FD → 21, 49, 111
教員が授業内容・方法を改善し向上させるための組織的な取り組みの総称。ファカルティ・ディベロップメントの略。教育相互の授業参観の実施、授業方法についての研究会の開催、新任教員のための研修会の開催などが具体例である。大学設置基準によって、FD の実施が大学に義務づけられている。

GPA → 9, 33
学生が履修した授業の成績から算出された学生の成績評価値、あるいはその成績評価の方法。アメリカの大学で用いられてきた成績評価の方法であり、国際化や厳格な成績評価という観点から多くの日本の大学でも取り入れられている。授業料免除や奨学金の選考基準や成績不振学生への対応に活用される。Grade Point Average の略称である。

LMS → 78
学習管理システム。Learning Management System の略称。学生の学習のための教材などを配信するだけでなく、履修状況や成績の管理も行える。課題の提出やそれに対するフィードバックなど教員とのコミュニケーションツールとしても活用される。

MOOCs → 45
オンラインを通じて各教育機関の講義動画を無償で視聴できるプラットフォーム。Massive Open Online Courses の略称。2000 年代初頭にアメリカで開始されて以来世界的に展開する。条件を満たした希望する受講者に修了証の発行を行うこと

もある。

ODA → 8
開発途上地域の開発を主たる目的とする政府及び政府関係機関による国際協力活動である開発協力のための公的資金。Official Development Assistance の略称で、「政府開発援助」とよばれる。教育や保健、インフラ整備などに提供され、国際的な平和構築や人道支援を進めることを目指す。

SD → 21, 155
教育研究活動等の適切かつ効果的な運営を図るため、必要な知識及び技能を習得させ、並びにその能力及び資質を向上させるための研修。スタッフ・ディベロップメントの略。従来は職員を対象とした能力開発と理解されることがあったが、大学設置基準の規定によって、事務職員だけでなく、教員、大学執行部、技術職員なども対象者として含まれる。

アイコンタクト → 130
視線と視線を合わせること。対人関係において、会話をする時は相手の目を見るのは基本的なルールである。アイコンタクトを適切にしないと、他者への配慮が欠けていると判断されることがある。一方、過度に相手の目を見続けるのは失礼な行為だと考えられることもある。

アカデミックアドバイザー → 63
学生に対して履修の計画、専攻分野の決定、キャリアに関する目標設定などに関する指導や支援を行う専門家。全学組織や学部などに所属することが多い。個々の学生の課題に応じて面談などを実施し、学生の学習面での成長を図る。

秋入学 → 11, 34, 99
9月に大学に入学すること。日本では春期の入学が一般的であるが、国際的には秋入学を行う大学も多いことから、学生の受け入れ、送り出しを促進するために秋入学を実施する日本の大学も増えている。

アクティブラーニング → 54
伝統的な教員による一方向的な講義形式の教育とは異なり、学習者の能動的な学習への参加を取り入れた教授・学習法の総称。グループ・ディスカッション、ディベート、グループワーク、発見学習、問題解決学習、体験学習、調査学習などが含まれる。

アジア太平洋大学交流機構 → 31
アジア太平洋地域の大学による国際的ネットワーク。UMAP（University Mobility in Asia and the Pacific）とよばれる。学生交流や研究のためのプログラムを提供するほか、加盟大学間での単位互換方式の普及を図っている。

安全保障輸出管理 → 82
国際社会の安全を守るために行われる輸出等の管理。先進国を中心に定められた国際輸出管理レジームにしたがって行われる。日本では外為法に基づいて各種規制が行われている。貨物の輸出と技術の提供の2つが管理の対象となっている。

アントレプレナーシップ教育 → 121
起業家やビジネスのリーダーを育成することを主たる目的とした教育。新しい事業創出の方法やリーダーシップ、チームワークなどについて学ぶほか、実際の起業を行うこともある。社会経済におけるイノベーションの創出や地域課題の解決などに資することが期待されている。

異文化適応曲線 → 110
人が異なる文化に対して適応していく過程を示した古典的モデル。「ハネムーン」「カルチャーショック」「回復」「適応」の4つの段階をU字型の曲線で示している。帰国後の適応の影響までを含めたW字型曲線も提案されている。

インターンシップ → 9, 52, 120
職場の監督下での一定期間の職業経験。学生の専攻分野に関連した業務にかかわるものかどうか、フルタイムかパートタイムか、有給か無給か、短期間か長期間かなど形態はさまざまであるが、キャリア意識の涵養、職業的技能・態度・知識の獲得を目的に実施されている。インターンシップを正規の授業として単位化する大学もある。

内なる国際化 → 5
組織や個人が国際的な視点を取り入れていく過程。大学教育では特に物理的な移動を行わない形での多文化理解や国際性涵養のための取り組みを指す。異文化の学生と学び合う授業科目や特別プログラムの開設、国際寮、キャンパス環境の整備などがあげられる。

エラスムス計画 → 31
大学間交流協定による共同教育プログラムの開講などEU加盟国間の学生や研

究者の流動性を高める一連の計画。1987年から行われている。2004年からはヨーロッパ以外への留学を促進するエラスムス・ムンドゥス計画も展開される。エラスムスは、16世紀のオランダの人文学者の名前に因んでおり、ERASMUS（European Region Action Scheme for the Mobility of University Students）の略語にもなっている。

オープンキャンパス → 59
大学へ入学を希望している者に対して、キャンパスを公開し、入学に向けての関心や理解を促進するイベント。学長などの講演、模擬授業、研究室公開、キャンパスツアー、部活やサークルの紹介、個別相談などが実施される。

外国為替及び外国貿易法 → 82
日本と外国との間の資金、財・サービスの移動や外貨建て取引を規制する法律。外為法という略称でよばれる。安全保障輸出管理において行われる各種規制の根拠となる。

外国人留学生在籍状況調査 → 23, 90
日本学生支援機構が実施する外国人留学生の在籍状況に関する調査。大学、短期大学、高等専門学校、専修学校以外にも、日本の大学に入学するための準備教育課程を設置する機関も調査対象となっている。

学士 → 36
大学を卒業した人に与えられる学位。学士を取得するには、卒業に必要な単位を修得することが求められる。大学設置基準において、4年以上の在学と124単位以上の修得が、医学などの一部の専門分野を除いて卒業要件として定められている。国際的にはBachelorに相当する。短期大学へ進学した場合は、卒業時に短期大学士が授与される。

学士力 → 6
中央教育審議会で提言した学士課程共通の学習成果に関する参考指針。2008年の中央教育審議会答申「学士課程教育の構築に向けて」で提示された。「知識・理解」「汎用的技能」「態度・志向性」「統合的な学習経験と創造的思考力」の4分野13項目から構成される。

学則 → 32
大学の組織体制、管理運営、学事などについて定めた規則。大学の目的や組織の

構成などを定めた「総則」、各学部の学生の修業年限や収容定員、教育課程などを定めた「学部通則」、そのほかの諸規則をまとめた「補則」といった構成をとっている。

学校基本調査 → 90
学校に関する基本的事項を把握する調査。国公私立のすべての学校を対象とし、文部科学省が全数調査で毎年実施している。高等教育機関については、学生、教職員、卒業後の進路、学校施設、学校経費に関するデータが収集されている。各高等教育機関からのデータを文部科学省が集計し、文部科学省と総務省統計局のウェブサイトで公開している。

科目等履修生 → 81
必要な授業科目や興味関心のある授業科目のみ履修し、正課教育を部分的に受ける非正規学生。これによって認められた単位は、正課教育を受ける際に既修単位として、卒業要件や資格取得のための単位に組み込むことができる場合もある。

科目ナンバリング → 32, 47
授業科目に適切な記号や番号を付し分類することで、学習の段階や順序などを表し、教育課程の体系性を明示する仕組み。ナンバリング、コースナンバリングとも呼ばれる。本来的には、大学内における授業科目の分類、複数大学間での授業科目の共通分類という2つの意味をもつ。対象とするレベルや学問の分類を示すことは、学生が適切な授業科目を選択する助けとなる。また、科目間の整理・統合と連携により教員が個々の科目の充実に注力できるといった効果も期待できる。

カリキュラム → 3, 20, 28, 40, 53, 81, 96, 116, 132
教育目標を達成するために、学校が計画的に編成する教育内容の全体計画。学習者に与えられる学習経験の総体と広く捉えられる場合もある。行政用語として教育課程も使用されるが、教育課程はカリキュラムの中でも特に制度化され計画化された部分を指す。大学のカリキュラム編成においては、各機関に大きな裁量が委ねられている。

カリキュラム・ポリシー → 40
教育課程の編成および実施に関する方針。ディプロマ・ポリシーで定めた教育目標を達成するために、どのようにカリキュラムを編成し実施するのかの方針をまとめたものである。学校教育法施行規則においてアドミッション・ポリシーやディプロマ・ポリシーとともに公表することが義務づけられている。

ギャップターム → 34
秋入学の実施に生じる、高校を卒業してから大学に入学するまでの期間。諸外国では一般的だが、アカデミックカレンダーによっては日本の大学でも生じる可能性がある。ボランティア、インターンシップなどの活動を学生が自主的に行うほか、ギャップタームのためのプログラムを提供する大学もある。

キャリア → 10, 21, 38, 42, 54, 95, 117
職場、家庭、地域社会などさまざまな場での諸活動における生き方。さまざまな定義があり、職業に限った狭義の意味で用いられることも多い。生涯にわたり継続して考え続けられるものであり、個人の発達や自己実現と関連することは、いずれの定義にも共通している。

休学 → 84
学生が病気そのほかの理由により許可を得て、在籍したままで一定期間授業を受けない状態。休学の可否、期間などについては、教授会の審議を経て、学長が定めるものとされている。休学は修学できない状態がある程度長期にわたることが予想される場合の措置であって、単なる欠席と異なり、通常その期間中は在学期間に含まれないものとされ、授業料が免除される場合もある。

教育研究実施組織 → 150
教育研究上の目的を達成するために教員と職員により編成される組織。2022年の大学設置基準の改正において、教員と職員の連携体制を確保する体制として示された。これにより大学設置基準における教員組織と事務組織の区別が削除されることとなった。

教授会 → 102
学部などにおかれる合議制の仕組み。構成員は教授に限らず准教授などの教員が含まれることも多い。また法律上は職員を加えることができるが、その事例はあまり多くない。現在の教授会は学校教育法に基づいているが、旧制大学以来の学部自治の伝統の中で、実質的には大きな権限をもつことが多い。

教授言語 → 95, 116
授業で用いる言語。日本の大学では日本語が教授言語となることが多いが、近年では語学以外の専門教育などでも英語をはじめとした外国語を教授言語とした授業が開講されている。国によっては学生の第一言語とは異なる言語が主たる教授言語として使用されることもある。

クォーター制 → 11, 30
1年間を4つの学期に分ける制度。1つのクォーターを2カ月程度にすることが多い。授業の開講頻度を週2回とする制度と併用することで集中的な学習を可能にしたり、海外留学などが行いやすくなったりするという利点もある。

グローバル化 → 18, 118
国境を越えた人やモノの移動とそれによる相互の結びつきや依存が進む変化。企業の国際的な展開や情報通信技術の進展などによって促進されている。特定の地域の動きが国際的な影響に波及することも少なくない。

言語交換 → 117
第一言語が異なる者の間で、自身の第一言語を相手に教え合う活動。対面やオンラインなどさまざまな媒体で実施できる。大学においても、言語交換は語学や異文化理解の教育活動として位置づけられている。

合議制 → 165
対等な立場にある複数の人で話し合いをして意思決定を行うこと。事前に利害関係が調整できる利点がある一方で、責任の所在があいまいになるという課題もある。

国際共修 → 10
文化や言語の異なる学習者による協同学習。グループワークやプロジェクトなどを通して、意味ある交流により相互理解を深めながら、自己と他者を理解し、新しい価値観を創造することを目指す。

国際バカロレア → 25, 98
国際バカロレア機構が提供する国際的な教育プログラム。認定を受けた学校に対する共通カリキュラム、共通試験を作成し、国際的に通用する大学入学資格である国際バカロレア資格を与えることを目的として設置された。

国際寮 → 6, 106
世界各地を出身とする学生が生活を共にする寮。生活の場としてだけでなく、お互いの文化や生活習慣などを日常的に学び、多様な価値観をもつ学生相互の交流の場としても機能する。大学によっては国際寮での一定期間の生活を義務化するプログラムを提供している。

国費外国人留学生制度 → 16, 81
国際交流や諸外国の人材育成、日本の大学の国際化などを目的に行う留学生の受け入れ制度。各国在外公館や日本の受入大学の推薦に対し、文部科学省が審査を行う選考が行われる。国費外国人留学生には旅費、教育費、毎月の給与が支給される。

個人情報 → 78, 99, 154
生存する個人に関する情報で、特定の個人を識別できるもの。具体的には、氏名、生年月日、性別、住所などが該当する。学籍番号や履修、成績、奨学金、就職、健康状態に関する情報のように、特定の個人を識別することができるものも含む。

コンソーシアム → 8, 48, 114
複数の高等教育機関が連携して事業を行う団体。地方公共団体や地域の企業などが加わる団体もある。主な事業には、単位互換や図書館の相互利用、公開講座、学生や教職員間の交流、教職員能力開発などがある。

コンピテンシー → 6
ある職務や役割において高い業績を出す人にみられる思考や行動特性。心理学用語として1950年代に使われ始め、1970年代に人材育成との関連で用いられる。学習目標にコンピテンシーを取り入れることで、身につけた知識や能力を社会でどのように活用できるかを示しやすくなることが期待される。

サービスラーニング → 54
社会貢献活動などを通じて学ぶ方法。実際に地域での社会貢献活動に参加する活動を通して学習が促される。学生の体験を学習にするためには、社会貢献活動の前後の事前学習と振り返りが重要となる。学生と地域社会が連帯することで双方に利益がもたらされる。

在学期間 → 87
実際に学生が大学で学習する期間。編入、転入時には特別に定められている。また、職業を有しているなど事情のある学生の学習を支援するために、在学期間の特例として長期履修制度を運用している大学もある。在学期間に休学や停学の期間を含め、在籍期間と称される場合がある。

在留資格 → 13, 24, 80, 98, 124
外国人が日本に在留中に一定の活動を行うことを示す入管法上の法的な資格。就

労に関する在留資格と身分によって分類される在留資格の2つに大別される。留学生のアルバイトの制約などにかかわるほか、就職時や休退学時にも更新や変更が必要となる。

修業年限 → 13, 36, 57
カリキュラムを終えて、卒業・修了するのに必要とされる期間。大学の学士課程では4年と6年の分野がある。場合によっては飛び級、学士修士一貫プログラムなどの制度によって、標準的な修業年限より早期に卒業・修了することもある。

出入国管理及び難民認定法 → 81
出入国の管理と難民認定制度について定めた法律。日本への入国、帰国、外国人の在留資格制度、不法入国や不法在留などについて定めている。入管法という略称でよばれる。

ジョイントディグリー → 8, 42
複数の大学が一定の期間において学習プログラムを修了させることにより授与する単独の学位。海外の大学と日本の大学のジョイントディグリーについては、2014年の大学設置基準などの改正において認められ、連携する大学が連名形式の学位を授与することができる。

奨学金 → 10, 68, 81, 95, 115, 135
学費や学生生活を金銭的に支援する制度。日本学生支援機構などの団体によるもの、学生の所属大学独自のものなどがある。返還を要する貸与と返還を要しない給付に分けられる。就学上必要な育英的な意味と勉学そのほかの活躍に対する奨励的な意味にも分けられる。

ジョブローテーション → 119
定期的に従業員の異なる職務や部署の異動を行う人事戦略。さまざまなスキルや知識を身につけ、組織内の業務全体の理解を深めるために有効とされる。一方、生産性の低下や、新しい職務や部署への適応がうまく図れないといった課題もある。

シラバス → 32, 116
授業における計画を示した資料。担当者、学習目標、学習内容、評価方法や基準、教科書や参考書、授業時間外の学習課題などが記されている。学生の履修登録のための情報提供だけでなく、学生の授業時間外を含めた学習の指針の提示や教員

相互の授業内容の調整などに使用される。

慎重審査対象校 → 89
留学生を受け入れる教育機関として必要な出入国在留管理庁による審査を、簡素化しない形で受ける教育機関。新たに留学生を受け入れる教育機関のほか、過去に適切な在籍管理が行われていなかったと判断される教育機関が該当する。

スタディツアー → 54
大学が提供する海外研修プログラム。海外の協定校と連携して、数週間の比較的に短い期間で実施するものが多い。文化体験や現地の学生との交流、社会問題の理解などを目的とする。関連知識を授業で学習してから行う場合もある。

正課外活動 → 6,117
正課教育の外に位置づけられる学生の活動の総称。部活、サークル活動やアルバイト、就職活動などが含まれる。これらの活動が学生の発達に与える影響は大きいことから、大学による組織的な支援が行われる場合もある。

セメスター制 → 11,30
1つの学年を15週からなる春学期と秋学期に分ける制度。それぞれの学期で履修登録から単位認定までを完結させるものが多い。通年制よりも弾力性のあるアカデミックカレンダーが可能になるが、近年では1年をさらに細分化したクォーター制も多くみられる。

早期卒業制度 → 36
成績優秀な学生を対象にした修業年限より早い時期の卒業を認める制度。学生からの申請に基づいて、GPAや評定の割合などの成績によって審査が行われることが多い。

卒業証明書 → 88,100
卒業要件を満たし、学校を卒業したことを証明する書類。卒業式などで渡される卒業証書とは異なる。就職、転職、教育機関への入学などに際して提出する必要がある。学生の卒業前には卒業見込証明書が発行される。

卒業要件 → 35,43,62
大学の教育課程を修了するために必要な条件。卒業要件を満たすことで卒業が認められ、学位の授与が決定される。大学設置基準では多くの分野で124単位以

上の修得のほか、大学が定めることを要件としている。

大学設置基準 → 26, 30, 40, 62, 149, 166
日本で大学を設置するのに必要な最低の基準を定めた法令。この基準は大学の設置後も維持しなければならない。教員組織、教員資格、収容定員、教育課程、卒業の要件などが定められている。大学設置基準は省令であり、文部科学大臣が制定することができる。

大学ランキング → 9, 24, 36, 145
高等教育機関をさまざまな指標によって順位づけしたもの。世界の大学を対象としたランキングと国内の大学を対象としたランキングがある。世界の大学ランキングの代表的なものとして、イギリスの教育専門誌 Times Higher Education が 2004 年から発表している「THE 世界大学ランキング」がある。

第三者返答 → 134
意思疎通に問題がないにもかかわらず相手の見た目などの印象から、その人に付き添っている人に対してばかり行われる返答。外国人や障がいのある人に対してしばしば生じることが指摘される。

ダブルディグリー → 8, 21, 42
複数の大学が一定の期間において学習プログラムを修了させることにより授与する複数の学位。日本と外国の大学が、教育課程の実施や単位互換などについて協議し、双方の大学がそれぞれ学位を授与する。

単位 → 9, 30, 40, 53
大学で、進級・卒業の資格を認定するために用いられる計算の基準。一般に学習時間により決定される。各授業科目の単位数は各大学で定めるとし、大学設置基準上、1 単位の授業科目は 45 時間の学修を必要とする内容をもって構成することを標準とする。

単位互換制度 → 21
在籍する教育機関以外で修得した単位を、在籍する教育機関の単位として認定する制度。自分の教育機関では学べない分野の授業を受けることができる。単位互換制度により修得できる単位数は、大学、大学院、短期大学においてそれぞれ決められている。

単位制度 → 30, 155
授業科目を単位に分けて修得していく制度。大学などでは1単位あたり45時間の学修を必要とすることが定められている。学習時間には予習復習などの授業時間外の学習も含まれる。

単位認定 → 10, 32, 47, 68, 155
単位の授与を決定すること。授業科目を履修した学生に対して試験結果をもとに単位を与えるのが一般的である。また、ほかの教育機関における授業科目の履修、入学前に修得した単位によっても、教育上有益と認める時は当該大学における授業科目の履修とみなして単位を認定することができる。

ティーチングアシスタント → 86
授業における教育補助業務を行う大学院学生。大学教育の充実だけでなく、大学院学生の能力開発の機会提供や処遇の改善を目的としている。ティーチングアシスタントを対象とした研修も行われる。TAとも呼ばれる。

ディプロマ・サプリメント → 37
学位に添付される補足書類。取得学位や資格の内容、履修内容やGPAなどの成績情報、授与機関に関する情報を含む。各国間の学位の水準などを均質化するためにEUで初めて導入された。

ディプロマ・ポリシー → 6, 40, 64
卒業の認定に関する方針。卒業までにどのような能力の習得を目指すのか、学生が達成すべき具体的な学習成果を設定したものである。学校教育法施行規則において、アドミッション・ポリシーやカリキュラム・ポリシーとともに公表することが義務づけられている。

デジタル証明書 → 38, 46
従来の紙に替えてデジタル媒体で発行する証明書。オープンバッジなどの技術がある。内容を暗号化することで改ざんを防ぎつつ、半永久的な証明が可能になるほか、SNSなどとの連携といったさまざまな活用の可能性が期待されている。

渡日前入試制度 → 98
国外から直接応募を受け付け、選考に際して学生が渡日することなく入学の可否を判定する仕組み。日本留学試験の実施、書類選考と合わせて電話やウェブ会議システムを通じた面接を実施する場合もある。情報発信や面接会場の提供など渡

日前入試の支援を日本学生支援機構が行っている。

ドラッグ・ラグ → 124
海外で開発された薬が日本国内で承認されるまでに要する時間差。日本では承認を得るまでに比較的長い時間がかかるとされる。日本に受け入れる留学生が服用している薬が該当する事例もあることから注意を要する。

トランスファラブルスキル → 6
専門分野を超えて活用できる転移可能なスキル。近年では大学院の博士課程においてトランスファラブルスキルの育成が目指されることが多い。コミュニケーションやキャリア形成など、含まれるスキルにはさまざまなものがある。

日本語能力試験 → 82
国際交流基金と日本国際教育支援協会が主催する、日本語を第一言語としない人を対象とした試験。Japanese-Language Proficiency Test という英語名称を略して、JLPT ともよばれている。「読む」「聞く」について N5 から N1 のレベルで認定を行う。

ノミネーション → 72
学生を送り出す相手先大学への手続き。学生の送り出しを管轄する部署から相手先の大学に対して実施する。ノミネーションが完了したら相手先の大学の指示にしたがって申請の手続きに移る。私費留学では一般的にノミネーションが行われない。

博士 → 36
大学院の博士課程を修めた後に授与される学位。最上位の学位として位置づけられている。国際的には Doctor に相当する。大学院の博士課程へ進学し、研究した後に博士の認定をされる課程博士と、博士課程を経ずに博士論文を提出し博士と認定される論文博士がある。

ハラスメント → 124
さまざまな場面における嫌がらせの行為。大学にかかわるハラスメントとしては、セクシュアルハラスメント、アカデミックハラスメント、パワーハラスメントなどがある。職務上の立場や権利を悪用して行われることがある。職務上の立場や権利を悪用して行われることがある。ハラスメント防止や対策に関するガイドラインを制定する大学もある。

ハラル・フード → 147
イスラム教の教えにおいて食することが許されている食べ物。食材の選択だけでなく、その処理方法などにもかかわる。調味料の原料など、一見して判断が難しい場合もあるため、ハラル・フードであることを示すハラル認証マークも用いられている。

汎用的能力 → 6
さまざまな状況のもとで活用することのできる能力。批判的思考力、コミュニケーション力、リーダーシップ、創造性、柔軟性などがあげられる。転移可能能力とも呼ばれる。汎用的能力を重視した概念として、中央教育審議会答申で提示された学士力、経済産業省の提言する社会人基礎力などがある。

ピアサポート → 113
同じ立場の者による支援。大学においては、学生がほかの学生を支援する活動として使用される。学生生活への適応支援、学習支援、キャリア開発支援、留学生に対する支援、広報活動、図書館における支援、障害のある学生の支援などがある。

ピクトグラム → 141
絵や図による記号。言語の違いや年齢などによる理解の制約を少なくし、直観的に理解することができる。公共施設などでのユニバーサルデザインを実現する方法の1つ。国際的な規格で定められたものもある。

非言語コミュニケーション → 128
言葉以外の手段を用いたコミュニケーション。顔の表情、顔色、視線、身振り、手振り、姿勢のほか、相手との物理的な距離の置き方や、服装、髪型などが含まれる。非言語コミュニケーションの中には、文化によって異なる意味を示すものがあるため、異文化をもつ相手とのコミュニケーションでは注意が必要となる。

ビザ → 68, 83, 99, 124
渡航先の国が外国籍の渡航者に対して発行する入国許可の証書。査証ともよばれる。渡航者の身元確認や入国に際しての事前審査のために発行される。渡航の目的に応じて種類が異なり、それにより滞在可能日数などが変わる。場合によってはビザを必要としない渡航が可能なこともある。

フィールドワーク → 9, 54
野外など現地での実態に即した調査・研究。野外調査。現地調査や実地調査ということもある。学問的に客観的な成果を求める活動であるため、自身の見聞を広めるだけの旅行や、学問的な手法に拠らずに未開・未踏の土地の実態を明らかにするだけの冒険とは一線を画する。

ヘイトクライム → 76
特定の人種、宗教、性別の人への偏見に基づく犯罪行為の総称。嫌がらせ、脅迫、暴言、肉体的暴行などさまざまな行為が事例としてあげられる。当事者のみならず同じ属性をもつ人々どうしの対立に発展するなど、社会的な影響も小さくない。

ボランティア → 9, 107, 148
災害時の支援活動や地域社会の課題解決などに自らの意思で参加する活動、あるいはその活動に従事する人。大学においては、主として正課外活動として行われるが、準正課教育として位置づけたり、単位認定を行う授業としたりする例も見られる。

マイクロクレデンシャル → 38
学位より短い期間の特定の知識やスキルの学習に対して行う認定。細分化された学習に対して認定することから、新しい知識やスキルの学習を継続的に促進することが可能になる。オープンバッジなどのデジタル証明書によって学習の認定を証明することも行われている。

ミラーリング → 137
相手の動きと自分の動きを同調させるコミュニケーションの技法。相手にとっての鏡の中の像のようになることから名づけられた。同じように動く人に対して無意識に好感をもちやすい傾向を利用している。

メラビアンの法則 → 136
コミュニケーションにおける非言語的要素の重要性を指摘する理論。対人コミュニケーションにおいて言葉が約1割、声の調子が約4割、身体言語が約5割の影響力をもつとされ、伝える情報の大部分が非言語的な要素によって決まることを示している。

やさしい日本語 → 139
日本語を第一言語としない人向けにつくられた日本語。難しい言葉を簡単な言葉

に言い換える、あいまいな表現をさける、複雑な文の構造を避けるなどの原則がある。1995年の阪神・淡路大震災の際に、日本にいた多くの外国人が必要な情報を得られなかった反省からつくられたという背景をもつ。

ユニバーサルデザイン　→ 132
年齢や性別、身体の能力など多種多様な要因によってユーザーを差別化せず、誰もが共有可能な状態を実現する製品や環境のデザインの総称。アメリカのデザイナーで建築家でもあるメイスが1980年代に使い始めた。できるだけ多くの人が、身体的にも精神的にも苦痛を感じることなく快適に暮らしていける環境や社会を作っていくことを目標としている。

リーガルチェック　→ 161
契約書などの文書が法的要件を満たしているかに関する専門家の確認。法的リスクの回避、明確に記述すべき内容、問題点の事前の把握などのために行われる。

リエントリー・カルチャーショック　→ 77
違う文化に順応した後、再度自国の文化に触れた際に感じる心理的混乱。留学先をより好意的に感じる一方で、自分の国に批判的になるといった例がある。逆カルチャーショックとも称される。

リフェラルスキル　→ 14, 115
適切に相手を別の担当者に仲介するスキル。学習支援やカウンセリングにおいて医師などの専門家の支援を要する場合に特に必要となる。専門家の支援を受けることの意義を伝える以外にも、相手の不安を軽減するスキルが含まれる。

レジデント・アシスタント　→ 106, 112
学生寮に入居する学生を支援する学生。主な業務として、入居学生の受け入れや手続きの支援、入居学生の相談対応、交流活動の実施、緊急時の対応などがある。応募資格として、在籍学生であること、良好な学業成績、語学力などが求められる。レジデント・アドバイザーと呼ぶ大学もある。

参考文献

秋庭裕子、米澤由香子編（2023）『多文化ファシリテーション―多様性を活かして学び合う教育実践』明石書店

有本章、羽田貴史、山野井敦徳編（2005）『高等教育概論―大学の基礎を学ぶ』ミネルヴァ書房

安婷婷（2022）「留学生の援助要請研究の動向と課題」『学生相談研究』第43巻2号、pp.148-158

池田佳子（2019）『大学教育の国際化への対応』関西大学出版部

石川真由美編（2016）『世界大学ランキングと知の序列化―大学評価と国際競争を問う』京都大学学術出版会

石原直子（2021）「リスキリングとは―DX時代の人材戦略と世界の潮流」経済産業省デジタル時代の人材政策に関する検討会第2回資料2-2

井上真（2014）「外国人学生（留学生）の人権と安全保障上の問題との間で考える大学の職責―イラン人入学不許可違憲訴訟を素材として」『スクール・コンプライアンス研究』第2号、pp.59-70

井上雅裕編（2022）『大学のデジタル変革―DXによる教育の未来』東京電機大学出版局

猪股美佳、具島由実、村上健一郎、山崎秀人（2016）「米国大学における留学生獲得・選考・エンロールマネジメント（EM）の先行事例成果報告―ニューヨーク州立大学3大学及び外国資格評価機関を視察して」『留学交流』第58号、pp.31-50

岩城奈巳（2014）「渡航前、渡航中、渡航後の振り返りから考える交換留学に対する意識調査」『名古屋大学国際教育交流センター紀要』創刊号、pp.27-32

岩田一成、柳田直美（2020）『「やさしい日本語」で伝わる！公務員のための外国人対応』学陽書房

潮木守一（2004）『世界の大学危機―新しい大学像を求めて』中央公論新社

江淵一公（1997）『大学国際化の研究』玉川大学出版部

大嶋寧子（2022）「リスキリングをめぐる内外の状況について」厚生労働省労働政策審議会労働政策基本部会第22回資料2

太田浩（2016）「高等教育の国際化をめぐる動向と課題」『国際教育』第22号、pp.1-9

大西好宣（2020）『海外留学支援論―グローバル人材育成のために』東信堂

大橋敏子、近藤祐一、秦喜美恵、堀江学、横田雅弘（1992）『外国人留学生とのコミュニケーション・ハンドブック―トラブルから学ぶ異文化理解』アルク

大橋理枝、根橋玲子（2019）『コミュニケーション学入門』放送大学教育振興会

沖裕貴（2015）「『学生スタッフ』の育成の課題―新たな学生参画のカテゴリーを目指して」『名古屋高等教育研究』第 15 号、pp. 5-22

小野嘉夫（2000）「ヨーロッパ単位互換制度（ECTS‐European Credit Transfer System）について」『学位研究』第 12 号、pp. 5-28

会計検査院（2021）「外国人材の受入れに係る施策に関する会計検査の結果について」

河合塾（2018）『日本人の海外留学の効果測定に関する調査研究』平成 29 年度文部科学省委託事業成果報告書

金成隆一（2013）『ルポ MOOC 革命―無料オンライン授業の衝撃』岩波書店

萱島信子、黒田一雄編（2019）『日本の国際教育協力―歴史と展望』東京大学出版会

苅谷剛彦（2017）『オックスフォードからの警鐘―グローバル化時代の大学論』中央公論新社

川嶋太津夫（2018）「学生の多様化とグローバル化―米国の経験と日本への示唆」『高等教育研究』第 21 集、pp. 171-192

喜多村和之（1984）『大学教育の国際化―外からみた日本の大学』玉川大学出版部

北村友人、杉村美紀編（2016）『激動するアジアの大学改革―グローバル人材を育成するために』（増補版）上智大学出版

教育再生実行会議（2013）「これからの大学教育等の在り方について（第三次提言）」

教育未来創造会議（2023）「未来を創造する若者の留学促進イニシアティブ（第二次提言）」

京都大学（2023）『海外留学の手引き 2023』

久米昭元、長谷川典子（2007）『ケースで学ぶ異文化コミュニケーション―誤解・失敗・すれ違い』有斐閣

バートン・クラーク（有本章訳）（1994）『高等教育システム―大学組織の比較社会学』東信堂

黒田一雄編『アジアの高等教育ガバナンス』勁草書房

経済協力開発機構（OECD）、加藤静香編（2022）『高等教育マイクロクレデンシャル 履修証明の新たな次元』明石書店

経済産業省「安全保障貿易管理 Export Control」

経済産業省関東経済産業局（2022）『教育機関における外国人留学生就職支援ガイドブック』

経済産業省貿易管理部（2022）『安全保障貿易に係る機微技術管理ガイダンス（大学・研究機関用）』（第四版）

国際教育交流協議会（JAFSA）「増補改訂版留学生受入れの手引き」プロジェクト編（2012）『留学生受入れの手引き』（増補改訂版）かんぽう

国際基督教大学サービス・ラーニング・センター（2011）『サービス・ラーニングとその後』サービス・ラーニング研究シリーズ5

国際基督教大学サービス・ラーニング・センター（2023）『教員からみたサービス・ラーニング』

国際交流基金（2003）『主要先進諸国における国際交流機関調査報告書』

国際ビジネスコミュニケーション協会（2019）「英語活用実態調査―企業・団体ビジネスパーソン」

子島進、藤原孝章（2017）『大学における海外体験学習への挑戦』ナカニシヤ出版

児玉善仁、赤羽良一、岡山茂、川島啓二、木戸裕、斉藤泰雄、舘昭、立川明編（2018）『大学事典』平凡社

後藤宗明（2022）『自分のスキルをアップデートし続けるリスキリング』日本能率協会マネジメントセンター

小林浩明（2016）「タンデム学習の意義と可能性」『北九州市立大学国際論集』第14号、pp. 135-145

マシュー・サイド（2021）『多様性の科学―画一的で凋落する組織、複数の視点で問題を解決する組織』ディスカバー・トゥエンティワン

坂本利子、堀江未来、米澤由香子編（2017）『多文化間共修―多様な文化背景をもつ大学生の学び合いを支援する』学文社

佐々木泰子（2015）「SNS の利用実態から見た留学生のコミュニケーション・プラットフォーム」『人文科学研究』第 11 号、pp. 15-25

佐藤由利子（2021）『日本の留学生政策の評価―人材養成、友好促進、経済効果の視点から』（増補新装版）東信堂

産学連携によるグローバル人材育成推進会議（2011）『産学官によるグローバル人材の育成のための戦略』

私学高等教育研究所編（2014）『日韓大学国際化と留学生政策の展開』私学高等教育研究叢書2

清水栄子、中井俊樹編（2022）『大学の学習支援 Q&A』玉川大学出版部

出入国在留管理庁（2022）『2022 年度 出入国在留管理』

出入国在留管理庁（2021）『令和 2 年度 在留外国人に対する基礎調査報告書』

出入国在留管理庁、文化庁（2020）「在留支援のためのやさしい日本語ガイドライン」

スーパーグローバル大学創成支援プログラム委員会（2014）「平成 26 年度スーパーグローバル大学等事業　スーパーグローバル大学創成支援審査基準」

末松和子（2017）「「内なる国際化」でグローバル人材を育てる―国際共修を通したカリキュラムの国際化」『東北大学高度教養教育・学生支援機構紀要』第3号、pp. 41-51

杉村美紀（2018）「高等教育の「国際化」をめぐる新展開と日本の役割―日本の大学は「国際化」により何を目指すか」『留学交流』第85巻、pp. 1-8

杉本均編（2014）『トランスナショナル高等教育の国際比較―留学概念の転換』東信堂

鈴木洋子（2011）『日本における外国人留学生と留学生教育』春風社

全国大学保健管理協会国際連携委員会、国立大学保健管理施設協議会国際交流推進特別委員会編（2020）『International Students（海外からの留学生）への健康管理の手引き』（第1版）

総務省（2005）『留学生の受入れ推進施策に関する政策評価』

総務省行政評価局（2013）『外国人の受け入れ対策に関する行政評価・監視―技能実習制度等を中心として―結果報告書』

大学改革支援・学位授与機構（2024）「高等教育に関する質保証関係用語集」

大学入試のあり方に関する検討会議（2021）「総合的な英語力の育成・評価が求められる背景について」大学入試のあり方に関する検討会議第21回参考資料4

舘昭（1995）『現代学校論―アメリカ高等教育のメカニズム』放送大学教育振興会

田中愛治（2015）「早稲田大学における4学期制（Quarter制）導入の背景と目的」大阪市立大学『大学教育』第13巻1号、pp. 11-24

田中義郎（2006）「大学の国際連携―グローバル時代の高等教育戦略」『高等教育研究』第9集、pp. 79-97

譚紅艶、渡邉勉、今野裕之（2011）「在日外国人留学生の異文化適応に関する心理学的研究の展望」『目白大学心理学研究』第7号、pp. 95-114

中央教育審議会（2018）「我が国の学位等の国際的通用性の向上に向けて」資料4

中央教育審議会（2008）「学士課程教育の構築に向けて（答申）」

陳生保（1997）「中国語の中の日本語」『国際文化研究センター第9回日文研フォーラム』、pp. 1-33

辻周吾、影浦亮平、石井香織、安達万里江（2016）「留学生の日本語コミュニケーションにかかわる諸問題」『京都外国語大学日本学研究』創刊号、pp. 1-12

オストハイダ・テーヤ（2005）「"聞いたのはこちらなのに…"―外国人と身体障害者に対する「第三者返答」をめぐって」『社会言語科学』第7巻2号、pp.

39-49

寺倉健一（2009）「我が国における留学生受入れ政策―これまでの経緯と「留学生 30 万人計画」の策定」『レファレンス』第 59 巻 2 号、pp. 27-47

東京大学大学経営・政策コース編（2018）『大学経営・政策入門』東信堂

東京都・留学生の違法活動防止のための連絡協議会（2020）『留学生の生活指導のための手引き 2020』

東條加寿子（2011）「大学国際化の足跡を辿る―国際化の意義を求めて」『大阪女学院大学紀要』第 7 号、pp. 87-101

鳥井康照（2003）「米国大学日本校の進出と撤退」『国立教育政策研究所紀要』第 132 集、pp. 199-206

鳥飼玖美子（2021）『異文化コミュニケーション学』岩波書店

中井俊樹編（2022）『シリーズ大学の質保証 1　カリキュラムの編成』玉川大学出版部

中井俊樹編（2021）『大学 SD 講座 2　大学教育と学習支援』玉川大学出版部

中井俊樹編（2019）『大学 SD 講座 1　大学の組織と運営』玉川大学出版部

中井俊樹（2011）「英語による授業のための FD の課題」『留学交流』2011 年 9 月号、pp. 1-7

中井俊樹（2009）「英語による授業のノウハウの明示化」『名古屋高等教育研究』第 9 号、pp. 77-89

中井俊樹編（2008）『大学教員のための教室英語表現 300』アルク

中井俊樹、宮林常崇編（2023）『大学の教務 Q&A 第 2 版』玉川大学出版部

永井弘行（2021）『Q&A 外国人・留学生支援「よろず相談」ハンドブック』（改訂新版）セルバ出版

中田修二（2019）「大学の安全保障輸出管理―運用改善に向けた取り組みについて」『CISTEC Journal』第 179 号、pp. 192-204

中村和彦（2015）『入門　組織開発―活き活きと働ける職場をつくる』光文社

中山茂（1994）『大学とアメリカ社会―日本人の視点から』朝日新聞社

新見有紀子、秋庭裕子、太田浩、横田雅弘（2017）「学部レベルの海外留学経験がキャリアにもたらすインパクト―学位取得目的、単位取得目的留学経験者と留学未経験者に対するオンライン調査結果の比較より」『留学交流』第 74 号、pp. 14-26

日本学術振興会（2014）「平成 26 年度スーパーグローバル大学等事業　スーパーグローバル大学創成支援審査基準」

日本学生支援機構（2022a）「私費外国人留学生生活実態調査概要」

日本学生支援機構（2022b）「日本留学奨学金パンフレット 2022-2023」

日本学生支援機構（2022c）「令和 3 年度私費外国人留学生生活実態調査概要」

日本学生支援機構（2021a）「わたしがつくる海外留学 2021」
日本学生支援機構（2021b）「大学等における学生支援の取組状況に関する調査（令和 3 年度（2021 年度））」
日本学生支援機構留学生事業部国際奨学課（2023）「外国人留学生のための就活ガイド 2024」
日本技術者教育認定機構（JABEE）（2022）「工学分野における質保証について（JABEE 発表資料）」中央教育審議会大学振興部会第 6 回資料 1
日本経済団体連合会（2022）「提言 新しい時代に対応した大学教育改革の推進―主体的な学修を通じた多様な人材の育成に向けて」
橋本鉱市、阿曽沼明裕編（2021）『よくわかる高等教育論』ミネルヴァ書房
羽田貴史、米澤彰純、杉本和弘編（2009）『高等教育質保証の国際比較』東信堂
馬場美穂子（2020）「コミュニケーションにおける違和感とその背景―「前提」の違いから派生した「ずれ」の事例から」『待遇コミュニケーション研究』第 17 号、pp. 68-84
早田幸政、諸星裕、青野透編（2010）『高等教育論入門―大学教育のこれから』ミネルヴァ書房
原華耶（2021）「日本における外国人留学生の異文化適応研究の動向」『東亜大学紀要』第 31 号、pp. 57-67
平野裕次（2022）『戦時戦後の留学生政策に関する研究―南方特別留学生からインドネシア賠償留学生、原爆で犠牲となった留学生の記憶』渓水社
平野裕次（2020）「戦後の留学生受入れの歴史―1950 年代から 60 年代の時期を中心として」『留学交流』第 111 巻、pp. 1-12
弘前大学社会言語学研究室（2013）「「やさしい日本語」作成のためのガイドライン」（増補版）
深掘聰子（2019）「日本版ディプロマ・サプリメントが明かす日本高等教育質保証システムの課題」『工学教育』第 67 巻 1 号、pp. 22-27
深堀聰子（2017a）「学位の国際通用性を保証する 3 つのアプローチ―高等教育圏・国際協定・国際認証」『リクルートカレッジマネジメント』第 204 号、pp. 14-17
深堀聰子（2017b）「学修の承認―海外留学することの意義を高めるための制度設計」『留学交流』第 74 号、pp. 1-13
藤本真澄、宁塚万里子、岡益巳（2017）「留学生の交通関連問題発生状況とその対策に関する実証的研究」『岡山大学全学教育・学生支援機構教育研究紀要』第 2 号、pp. 117-134
福留東土（2013）「アメリカの大学評議会と共同統治―カリフォルニア大学の事例」『大学論集』第 44 号、pp. 49-64

エドワード・T・ホール（國弘正雄、長井善見、斎藤美津子訳）（1966）『沈黙のことば―文化・行動・思考』南雲堂

G・ホフステード、G・J・ホフステード、M・ミンコフ（岩井八郎、岩井紀子訳）（2013）『多文化世界―違いを学び未来への道を探る　原書第 3 版』有斐閣

宮崎里司、春口淳一編（2019）『持続可能な大学の留学生政策―アジア各地と連携した日本語教育に向けて』明石書店

エリン・メイヤー著、田岡恵監訳（2015）『異文化理解力―相手と自分の真意がわかるビジネスパーソン必須の教養』英治出版

森利枝（2020）「学修時間と学修成果に関わる政策議論に関する考察―単位制度の運用への支援の検討のために」『エンロールメント・マネジメントと IR』第 1 集、pp.7-16

森利枝（2014）「欧州単位互換制度の四半世紀」『アルカディア学報』第 552 号

文部科学省（2023）「我が国の大学と外国の大学間におけるジョイント・ディグリー及びダブル・ディグリー等国際共同学位プログラム構築に関するガイドライン（改訂第二版）」

文部科学省（2022a）「高等教育を軸としたグローバル政策の方向性―コロナ禍で激減した学生交流の回復に向けて」

文部科学省（2022b）「令和 4 年度大学設置基準等の改正について―学修者本位の大学教育の実現に向けて」

文部科学省（2022c）「令和 4 年度大学設置基準等の改正に係る Q&A」

文部科学省（2021）『諸外国の高等教育』明石書店

文部科学省（2019a）「単位互換制度の運用に係る基本的な考え方について」

文部科学省（2019b）「学校教育法施行規則等の一部を改正する省令等の施行等について（通知）」

文部科学省（2018）「大学における多様なメディアを高度に利用した授業について」制度・教育改革ワーキンググループ（第 18 回）配付資料 6

文部科学省（2017）「大学における海外留学に関する危機管理ガイドライン」

文部科学省学事暦の多様化とギャップタームに関する検討会議（2014a）「学事暦の多様化とギャップイヤーを活用した学外学修プログラムの推進に向けて　意見のまとめ」

文部科学省学事暦の多様化とギャップタームに関する検討会議（2014b）「意見のまとめ（案）資料編（関連データ）」第 5 回配布資料 1-7

文部科学省高等教育局大学振興課大学改革推進室（2022）「令和 2 年度の大学における教育内容等の改革状況について（概要）」

文部省（1972）『学制百年史』帝国地方行政学会

山口裕之（2022）『「みんな違ってみんないい」のか？―相対主義と普遍主義の問

題』筑摩書房
山田礼子（2012）『学びの質保証戦略』玉川大学出版部
山本志都、石黒武人、Milton Bennett、岡部大祐（2022）『異文化コミュニケーション・トレーニング―「異」と共に成長する』三修社
横田雅弘、太田浩、新見有紀子編（2018）『海外留学がキャリアと人生に与えるインパクト―大規模調査による留学の効果測定』学文社
横田雅弘、小林明編（2013）『大学の国際化と日本人学生の国際志向性』学文社
横浜国立大学国際戦略推進機構（2017）『留学生との交流ハンドブック』
横山研治（2016）「立命館アジア太平洋大学（APU）におけるビジネス教育と国際認証取得―世界と競い質向上」『留学交流』第 69 号、pp. 44-48
米澤彰純（2015）「高等教育改革としての国際化―大学・政府・市場」『高等教育研究』第 18 巻、pp. 105-125
リクルートワークス研究所（2020）『リスキリング―デジタル時代の人材戦略』
立命館アジア太平洋大学アカデミック・オフィス（2022）『2022 学部履修ハンドブック』
留学生政策懇談会（1999）「知的国際貢献の発展と新たな留学生政策の展開を目指して―ポスト 2,000 年の留学生政策―」
Beelen, J. & Jones, E. (2015) Redefining Internationalization at Home, A. Curay, L. Matei, R. Pricopie, J. Salmi, & P. Scott (Eds.), *The European Higher Education Area: Between Critical Reflections and Future Policies*, Springer, 67-80.
de Wit, H., Hunter, F., Egron-Polak, E. & Howard, L. (Eds). (2015) *Internationalisation of Higher Education: A Study for the European Parliament*.
Kerr, C. (1990) The Internationalisation of Learning and the Nationalisation of the Purposes of Higher Education: Two 'Laws of Motion' in Conflict?, *European Journal of Education*, Vol. 25, No. 1, 5-22.
Knight, J. (2008) *Higher Education in Turmoil: The Changing World of Internationalization*, Rotterdam: Sense Publishers.
Knight, J. (2004) Internationalization Remodeled: Definition, Approaches, and Rationales, *Journal of Studies in International Education*, Vol. 8, No. 1, 5-31.
Knight, J. (1999) Internationalization of Higher Education, OECD (ed.) *Quality and Internationalization in Higher Education*, 13-28.
Lysgaard, S. (1955) Adjustment in a Foreign Society: Norwegian Fulbright Grantees Visiting the United States, *International Social Science Bulletin*, 7(1), 45-51.

Oberg, K. (1960) Cultural Shock: Adjustment to New Cultural Environments, *Practical Anthropology*, vol. 7, 177-182.
World Economic Forum (2020) *The Future of Jobs Report 2020*.

執筆者プロフィール

中井俊樹［なかい・としき］　編者、1 章
愛媛大学教育・学生支援機構教授
専門は大学教育論、人材育成論。1998 年に名古屋大学高等教育研究センター助手となり、同准教授を経て 2015 年より現職。愛媛大学学長特別補佐、教育学生支援部長を経験。日本高等教育開発協会会長、大学教育イノベーション日本代表、大学教育学会理事、日本高等教育学会理事を経験。「大学 SD 講座」、「大学の教授法シリーズ」、「看護教育実践シリーズ」のシリーズ編者。そのほかの著書に、『カリキュラムの編成』（編著）、『大学の教務 Q&A　第 2 版』（共編著）、『大学教員のための教室英語表現 300』（編著）、『多文化ファシリテーション』（分担執筆）などがある。

宮林常崇［みやばやし・つねたか］　編者、3 章共著、4 章共著、11 章、12 章
東京都公立大学法人東京都立大学理系管理課長（学務課長兼務）
公立大学法人首都大学東京（現　東京都公立大学法人）へ入職後、首都大学東京（現　東京都立大学）にて計画・評価業務や教務企画などに従事した後、文部科学省へ出向。その後大学へ戻り、国際化推進本部担当係長、URA 室長、企画広報課長、東京都立産業技術大学院大学管理課長などを経て、2023 年 4 月から現職。文部科学省大学におけるハラスメント防止等の推進に向けた普及啓発に関する調査研究有識者会議委員、公立大学協会事務局参与、愛媛大学教育企画室プロジェクトフェロー、名古屋大学高等教育研究センター教務系 SD 研究会・大学教務実践研究会事務局長。著書に『大学の教務 Q&A　第 2 版』（共編著）、『大学業務の実践方法』（共編著）、『大学教育と学生支援』（分担執筆）などがある。

岩田剛［いわた・ごう］　7 章
愛媛大学国際連携支援部国際連携課国際支援チーム・チームリーダー
鳥羽商船高等専門学校入職。その後、愛媛大学に転籍し、国際連携支援部、総務部を経験。留学生受け入れ、学生海外留学、国際交流協定などの業務を担当した。2018 年から SPOD 次世代リーダー養成ゼミナールを受講し、「愛媛大学における学習支援を通じた職員の国際業務への意識向上」と題した課題解決プロジェクトを実践、2020 年に修了。

大枝さやか［おおえだ・さやか］　5章

国際基督教大学学生サービス部キャリアサポート・オフィス
教育系出版社で英語教材の編集・マーケティング職を経て、人材紹介会社にて転職支援に携わったのち、国際基督教大学に入職。学生の就職・キャリア形成支援を担当する。学修・教育センターにてアメリカ NACADA（National Academic Advising Association）の知見を活かしたアカデミックアドバイジングを行い、アドバイジングに特化したピアサポートの設立にかかわる。2018 年より教務にて海外の大学の単位認定や外国籍学生の受け入れなど多岐に渡る業務を担当。2024 年 9 月より現職。国家資格キャリアコンサルタント、日本学生相談学会認定学生支援士。

大竹秀和［おおたけ・ひでかず］　6章

立教大学教務部学部事務 5 課課長補佐
学校法人立教学院（立教大学）に入職後、学生支援、教務、国際化推進の業務に従事し、全学対象リーダーシップ教育プログラム（GLP）、英語学位コース（GLAP）の開設などにかかわり、2023 年 6 月より現職。大学職員を対象とした有志の勉強会を学内外で運営。寺﨑昌男氏を講師とした学内勉強会活動は「21 世紀の大学：職員の希望とリテラシー」（共編著）として出版。大学行政管理学会常務理事。修士（大学アドミニストレーション）。

大津正知［おおつ・まさとも］　2章

茨城大学教学イノベーション機構助教
専門は高等教育マネジメント。九州大学理学部物理学科卒。九州大学大学院比較社会文化学府博士後期課程（科学史専攻）満期退学後、九州大学特任助手、九州大学職員、中京大学職員を経て現職。職歴を通じて、教学改革、大学評価、FD・SD、IR などに従事。著書に『大学の組織と運営』（分担執筆）、『大学の教務 Q&A　第 2 版』（分担執筆）などがある。

黒髪彩［くろかみ・あや］　3章共著、4章共著

元文部科学省職員
文部科学省に入職後、高等教育局大学振興課専門職として法規を担当。柔軟な学事暦の導入を可能にする省令改正やギャップターム、大学のガバナンス改革に関する業務に従事。スポーツ庁参事官（民間スポーツ担当）付専門官として日本版NCAAの創設など大学スポーツの振興に関する業務に従事。文化庁企画調整課課長補佐などを経て、学校法人立命館に入職。立命館アジア太平洋大学での勤務を経て、2023年3月より経済団体職員として教育政策と海外留学派遣を担当。

上月翔太［こうづき・しょうた］　9章、10章

愛媛大学教育・学生支援機構講師
専門は高等教育論、文芸学。2010年大阪大学大学院文学研究科博士前期課程修了後、民間企業での勤務を経て、2019年大阪大学大学院文学研究科博士後期課程文化表現論専攻文芸学専修を単位修得退学。日本学術振興会特別研究員（DC2）、大阪産業大学など非常勤講師、大阪大学大学院文学研究科助教、愛媛大学教育・学生支援機構特任助教を経て、2023年より現職。著書に『大学職員の能力開発』（分担執筆）、『大学教育と学生支援』（分担執筆）、『西洋古代の地震』（共訳）などがある。

村上健一郎［むらかみ・けんいちろう］　8章

横浜国立大学社会科学系事務部経営学務係主任
16歳で単身イギリスへ留学。現地で大学入試を経験後、スペインでのギャップイヤーを経て、イギリスのヨーク大学にて数学と哲学を専攻。大学院修了後に帰国し、自分の留学経験を活かすべく大学職員を志す。2009年に横浜国立大学に入職し、学内外でさまざまなSDや勉強会の企画に携わりながら、一貫して国際系の業務に従事。特に2016年からの6年間は、留学生の入試・広報を中心にさまざまな改善に取り組み、横浜国立大学の日本留学AWARDS 5年連続大賞受賞および殿堂入りにも貢献。2024年4月より現職。

大学 SD 講座 5
大学教育の国際化

2024 年 12 月 15 日　初版第 1 刷発行

編著者―――――中井俊樹・宮林常崇
発行者―――――小原芳明
発行所―――――玉川大学出版部
　　　　　〒 194-8610　東京都町田市玉川学園 6-1-1
　　　　　TEL 042-739-8935　FAX 042-739-8940
　　　　　www.tamagawa-up.jp
　　　　　振替　00180-7-26665
装　丁―――――しまうまデザイン
イラスト――――村山宇希
印刷・製本――――創栄図書印刷株式会社

乱丁・落丁本はお取り替えいたします。
Ⓒ Toshiki Nakai, Tsunetaka Miyabayashi 2024　Printed in Japan
ISBN 978-4-472-40638-6 C3037 / NDC 377